# Sal

Insel der Windsurfer,
Wellenreiter und Sonnenanbeter

Möge dieses Buch helfen die Kapverden
und ihre Menschen besser zu sehen und zu verstehen.

Herausgegeben von Edition Belavista
in der Cabo Vista Publishing & Entertainment Lda.
In Kooperation mit diariesof - diariesofmagazine.com



Text & Redaktion: Anabela Valente
Fotographie & Bildredaktion: Jorge Valente
Übersetzung: Norbert Classen
Lektorat: Devam Will
Korrektorat: Norbert Classen
Satz & Gestaltung: Jorge Valente
Fotos: Jorge Valente; Anabela Valente; Titelbild Sam74100 (123RF); S. 17 (unten links) PLRANG ART (shutterstock); S. 17 (unten & oben rechts) Samuel Borges Photography (shutterstock); S. 17 (oben links) Arrowsg (shutterstock); S. 36 & 38 Samuel Borges Photography (shutterstock); S. 94-95 António Martins; S. 95 (oben rechts) Susana Martins (shutterstock); S. 99 Black-Photography (shutterstock); S. 110 & 115 Sofifoto (shutterstock); S. 117 Pedro Moita; S. 118 & 120 Marcos Hernandéz; S. 121 Albert Taxonera; S. 123 Martin Mecnarowski (shutterstock); S. 124 & 125 Peter Hering (voegel-auf-foehr.de)

3. Auflage: August 2025

Hergestellt in der EU

Vertrieb in Europa:
Kontaktadresse nach EU-Produktsicherheit:
Hans-Nietsch-Verlag
Industriestraße 20
64380 Roßdorf

www.nietsch.de
info@nietsch.de
ISBN 978-3-86264-935-8

Edition Belavista
Cabo Vista Publishing & Entertainment Lda.
Alto Fortim - Mindelo - São Vicente
Cabo Verde

editionbelavista.com

ISBN: 978-3-86264-899-3

diaries*of*

KAPVERDEN

# Sal

## Insel der Windsurfer, Wellenreiter und Sonnenanbeter

Texte und Fotos
Anabela Valente und Jorge Valente

BELAVISTA

# Inhalt

Ein gemütlicher Pavillon am Strand von Baía do Algodoeiro ›

# Herzlich willkommen auf Sal

Als Gott die Schöpfung der Welt vollendete, klebten noch ein paar Krümel an seinen Fingern, die er über dem Atlantik abstreifte und so die Kapverden schuf. Einer dieser Krümel war besonders trocken, aus ihm wurde die Ilha do Sal, wie sie offiziell heißt. Die Insel ist flach wie ein Pfannkuchen und ockerfarben mit Abstufungen in Braun und Grau. Die Landschaft scheint im Auge des Betrachters karg und eintönig. Zum Ausgleich hat Gott sie mit anderen Vorzügen ausgestattet: mit endlos scheinenden goldenen Sandstränden und einem wunderbar türkisblauen Meer. So gesehen ist Sal eine echte Perle im Ozean und mit 350 Sonnentagen im Jahr ideal für Badeurlaub und Freizeitaktivitäten.

Sal ist auch die Insel der *Morabeza*, der herzlichen Gastfreundschaft der Kapverdier. Es scheint, als hätte die Zeit hier eine ganz eigene Qualität: Niemand ist in Eile, die Leute nehmen sich Zeit für ein Gespräch, fragen freundlich, wie es Einem geht, warten geduldig auf eine Antwort und erzählen freimütig aus ihrem Leben. Es sind einfache Menschen und ihre Herzlichkeit ist nicht gespielt. Die Einwohner von Sal sind ein Beispiel dafür, dass man glücklich und zufrieden sein kann, ohne großartigen Besitz und Reichtum. Wie sie selbst sagen, bleibt ihr Tag im Gleichgewicht „mit dem Meer, einer *Catchupa* und einem *Grogue*". Ihr Motto „bloß kein Stress" ist nicht nur eine Redensart, sondern mehr als sonstwo auf der Welt gelebte Realität.

**„endlos scheinende Sandstrände"**

In früheren Zeiten spielte das Salz, nach dem die Insel benannt ist, eine zentrale Rolle in der Ökonomie und in der Besiedlungsgeschichte von Sal. Heute ist Sal ein einzigartiger Tourismusmagnet mit ganzjährig mildem Klima und paradiesischen Stränden, an denen man entspannen, schwimmen oder allen möglichen Wassersportarten nachgehen kann. Die Insel ist auch ein hervorragender Beobachtungsort für Seevögel, Wale, Delfine und zahllose andere Tiere, die hier im und vom Meer leben. Wer es gesellig mag, kann die hiesige Kultur bei authentischer Musik und Tanz erkunden – oder einfach nur das Leben feiern, was hier oft spontan und ohne ersichtlichen Grund geschieht.

Es gibt viele Gründe, Sal zu besuchen: Die Gastronomie der Insel mit viel frischem Fisch und Meeresfrüchten, die kapverdische Musik, die zahlreichen Feiern und die liebenswerten Bewohner der Insel. Lernen Sie Surfen bei den Weltmeistern, schwimmen Sie mit Pferden im türkisblauen Meer oder beobachten Sie Meeresschildkröten am Strand. Oder faulenzen Sie einfach am herrlichen Strand und finden Sie selbst heraus, was „No Stress" bedeutet. Wir hoffen, dass dieses Buch Ihre Reiselust weckt und dass Sie der wunderbaren Insel auf Ihrer nächsten Reise einen Besuch abstatten.

‹ Stand up paddling in der Abenddämmerung in der Bucht von Santa Maria

# Die Highlights von Sal

1. Tauche ein in das pulsierende Leben auf den Straßen von **Santa Maria** und entdecke den quirligen Pier mit all seinen Fischern und Fischhändlern
2. Mache einen **Segeltörn** vor der Küste von Sal, genieße den Ausblick und beobachte Wale und Delfine
3. Faulenze an einem der vielen Sandstrände der Insel oder reite und schwimme mit den Pferden bei **Ponta do Sinó**
4. Beobachte aus der ersten Reihe die Surfer an der berühmt-berüchtigten **Ponta Preta**, wo sie hier gewaltige Brecher meistern
5. Finde an einem heißen Tag Schatten im **Botanischen Garten** vor den Toren von Santa Maria und entdecke die einheimische Fauna und Flora
6. Wandere zum **Monte Leão**, um eine unglaubliche Aussicht über die Bucht und die Insel zu erhaschen
7. Fahre mit dem *Aluguer* nach **Espargos**, um in einem Restaurant in der „Hauptstadt" lokales Essen zu genießen
8. Nehme eine Auszeit am natürlichen Pool der **Buracona** und entdecke das Olho Azul, das „blaue Auge", eine Höhle, die zur Mittagszeit von der Sonne erleuchtet wird
9. Gönne dir ein Bad in den Salzseen im Krater von **Pedra de Lume**, und schwebe im salzigen Wasser
10. Traue dich in der **Shark Bay** (Baía da Parda) bis auf wenige Meter an lebende Haie heran, während du mit den Füßen im Wasser stehst
11. Triff die Kitesurfer am **Kite Beach** an der Costa da Fragata und lerne von den Weltmeistern, wie man richtig kitet

Ponta Norte
Ponta Palhona
Ponta Vermelha
Monte Grande 405 m
Monte Leste 263 m
Buracona
8
Monte Sal 309 m
Salinas
ESPARGOS
Palmeira
7
9
Pedra de Lume
Aeroporto
10
Baía da Parda (Shark Bay)
6
Rabo Junco
Monte Leão 165 m
Baía da Murdeira
Murdeira
Serra Negra
Ponta do Morrinho Vermelho
Ponta da Fragata
Baía do Algodoeiro
5
11
Costa da Fragata (Kite Beach)
Ponta Preta
Santa Maria
4
1
Ponta do Sinó
Ponta do Leme Bedje
3
2
Atlântico
Sal

# Geschichte

### › 1460

Am 3. Dezember 1460 wurde die Insel vom portugiesischen Seefahrer Diogo Gomes entdeckt und „Llana“ genannt, weil sie so flach war. Einige Jahrhunderte später wurde ihr Name in „Sal“ geändert, weil der Salzabbau inzwischen zum Motor der lokalen Wirtschaft geworden war.

### › 1542

Im Jahr 1542 wurde das Dorf Palmeira von etwa 100 Insulanern gegründet, die von Fischfang und Viehzucht lebten. Erst drei Jahrhunderte später sollte es eine zweite Siedlung auf Sal geben, Pedra de Lume, ein Dorf, das im Jahr 1800 entstand.

### › 1880

Drei Leuchttürme wurden auf der Insel errichtet, von denen die in Ponta de Vera Cruz (Santa Maria) und Ponta do Sinó immer noch aktiv sind. Der Leuchtturm in Ponta Norte ist seit den 1960-er Jahren außer Betrieb.

### › 1951

Kap Verde wurde portugiesische Überseeprovinz und im Jahr 1961 wurden allen Insulanern portugiesische Bürgerrechte garantiert. Zu spät, denn die Bevölkerung von Kap Verde hatte ihren Wunsch nach Unabhängigkeit bereits klar zum Ausdruck gebracht.

### › 1967

Das Hotel Morabeza, ein Meilenstein in der Tourismusgeschichte von Sal, wurde gebaut – zunächst als Familienresidenz, die Räume an Besatzungsmitglieder der Airlines vermietete. Heute ist es ein Hotel mit 140 Betten.

## › 1939

Italiener begannen mit dem Bau des Flughafens, der als Zwischenstation auf dem Weg von Europa nach Südamerika dienen sollte. Zur selben Zeit startete ein Projekt zum Auffang von Regenwasser, was die Bevölkerungszahl wachsen ließ.

## › 1945

Nach dem Zweiten Weltkrieg vollendete die portugiesische Regierung den Aufbau des Flughafens, der zum wichtigen Zwischenstopp für die Fluggesellschaften South African Airways und TAP Portugal wurde.

## › 1975

Nach über einem Jahrzehnt der Konflikte in Guinea-Bissau, die vom Kapverder Amílcar Cabral angeführt wurden, führte die portugiesische Nelkenrevolution in 1974 endlich zur Unabhängigkeit von Kap Verde unter einem Einparteiensystem.

## › 1990

Präsident Pereira (PAICV) führte die parlamentarische Demokratie ein und nach 15 Jahren Herrschaft wurde seine Partei von der MpD geschlagen. Kap Verde ist heute eines der bestentwickelten und demokratischsten Länder Afrikas.

## › 2008

Mito Monteiro sorgte nach dem Gewinn der Weltmeisterschaft im Kitesurfen dafür, dass Sal in den exklusiven Kreis der Austragungsorte von internationalen Wassersport-Meisterschaften aufgenommen wurde.

# Daten & Fakten

### › 35 km

Sal ist 35 Kilometer lang und 12 Kilometer breit. Mit einer Fläche von gerade mal 216 Quadratkilometern ist sie eine der kleinsten Inseln des Archipels, das eine Gesamtfläche von mehr als 4000 Quadratkilometern Land umfasst.

### › Barlavento

Sal gehört zusammen mit São Vicente, Santo Antão, Boa Vista, Santa Luzia und São Nicolau zum Barlavento, der Gruppe der windzugewandten Inseln. Die Inseln der Leeseite (Sotavento) sind Maio, Santiago, Fogo und Brava.

### › 408 m

Sal ist vulkanischen Ursprungs und gehört zu den ältesten Inseln der Kapverden, was erklärt, warum sie so flach ist. Erosion hat sie über die Jahrtausende abgetragen, so dass der höchste Gipfel, der Monte Grande, gerade einmal 408 Meter hoch ist.

## › Schildkröten

Die langen einsamen Sandstrände bieten hervorragende Rückzugsorte für seltene Seevögel und bedrohte Meeresschildkröten, darunter die Unechte Karettschildkröte, die jedes Jahr hierher zur Eiablage kommt.

## › 350

Auf der idyllischen Insel im Atlantik gibt es durchschnittlich 350 Sonnentage im Jahr, ein internationaler Spitzenwert.

## › Tourismus

Während die Bewohner Sals nach wie vor von Landwirtschaft und Fischfang leben, hat in den letzten Jahrzehnten der Massentourismus mit großen Hotelanlagen Einzug gehalten, von dem die Einheimischen kaum profitieren.

# Ganz ohne Stress durch Santa Maria

**Schon der Name der Insel Sal (portugiesisch „Salz") klingt nach Fisch, Strand, See und Sonne. Am hölzernen Pier von Santa Maria findet man all dies im Überfluss.**

Wir landen auf Sal, dessen Flughafen nach dem kapverdischen Nationalhelden Amílcar Cabral benannt ist. Gegenüber der Eingangshalle steht seine eher bescheiden wirkende Statue als Reminiszenz an einen der intelligentesten, charismatischen, großherzigsten und bedeutsamsten Anführer im Kampf gegen den portugiesischen Kolonialismus. Schon als Student rief er eine Bewegung gegen die portugiesische Diktatur und für die Freiheit der Kolonien ins Leben. Sein revolutionärer Kampf galt vor allem der

‹ Auf dem belebten Pier von Santa Maria treffen Fischer ein, die ihren Fang verkaufen

politischen Unabhängigkeit von Guinea-Bissau und Kap Verde, doch er wurde schnell zur Symbolfigur und zum Vorbild für Befreiungsbewegungen in aller Welt. Leider fiel Amílcar wenige Monate vor Guinea-Bissaus Unabhängigkeitserklärung einem politisch motivierten Attentat zum Opfer, dessen Hintergründe im Verborgenen blieben.

Es überrascht uns, dass ein so wichtiger Flughafen ausgerechnet auf Sal gebaut wurde, auf einer der damals ärmsten Inseln der Kapverden. Möglicherweise spielten geologische Aspekte eine Rolle, da die Nachbarinseln zum Teil ausgeprägte gebirgige Strukturen aufweisen, was aufwendigere Arbeiten erfordert hätte. 1939 sicherten sich die Achsenmächte, allen voran das italienische Mussolini-Regime, die Flugroute von Südeuropa nach Lateinamerika durch den Bau eines Militärflugplatzes auf Sal. Nach dem Zweiten Weltkrieg wurde er 1949 als Zivilflughafen

**„Amílcar Cabral wurde zur Symbolfigur und zum Vorbild“**

fertiggestellt. Er befindet sich in der Nähe der Inselhauptstadt Espargos und hat erheblich zum Reichtum der Insel beigetragen. Er ist die Ursache dafür, dass der Lebensstandard auf Sal den Landesdurchschnitt bei weitem übertrifft. Jahrelang war der Flughafen die einzige namhafte Einnahmequelle der Kapverden. Das Land geriet dadurch in finanzielle Abhängigkeit von Südafrika, dem die politische Führung zur Zeit der Apartheid erlaubte, den Flughafen zu nutzen. Alle anderen afrikanischen Länder sprachen gegen South African Airlines sogar ein Überflugverbot ihrer Territorien aus. Trotzdem stimmte Kap Verde den Sanktionen gegen das Apartheidsregime zu, um sich mit dem Rest Afrikas solidarisch zu zeigen. Ein kluger Schachzug: Tatsächlich fanden die ersten internationalen Gespräche über die Aufhebung der Apartheid hier auf Sal statt.

Unsere erste Übernachtung haben wir in Santa Maria gebucht, das etwa 15 Kilometer vom Flughafen entfernt im Süden der Insel liegt. Auch wenn es komfortabler wäre, sparen wir uns die Taxikosten und laufen ein paar Meter bis zum Halteplatz des *Aluguer*, eine Art Minibus der Marke Toyota (HiAce), der erst dann abfährt, wenn er voll besetzt ist. Die Sammeltaxis sind die kapverdische Variante des öffentlichen Nahverkehrs. Leider mit dem Nachteil fehlender Planungssicherheit: Man weiß nie, wann das *Aluguer* abfährt, die Wartezeit kann fünf Minuten, aber auch eine Stunde betragen.

Nach dem Check-in im Hotel machen wir einen Bummel durchs Dorf. Wir finden es auf Anhieb sympathisch, mit seinen gepflasterten Straßen, den bunten Fassaden und offenen Türen, deren Schwellen von Jung und Alt gerne als Sitzgelegenheit genutzt werden. In den Straßen sind Frauen

[oben] Trommeln gehören zu jeder Feier dazu; Hauptstraße von Santa Maria; ›
[unten] Bunte Fassaden in den Nebenstraßen; die Kirche Nossa Senhora das Dores

Gothia Cup

Coca-Cola

unterwegs, sie bieten Obst und Gemüse von den fruchtbareren Nachbarinseln São Nicolau, Santo Antão und Santiago zum Kauf an.

Die Kirche Nossa Senhora das Dores ist ebenso klein wie die Gemeinde, der sie als Gotteshaus dient. Es ist eine schön anzuschauende Kirche aus der Kolonialzeit, in einer angenehmen Farbkombination von Himmelblau und Meerschaum-Grün. Der Fassade stünde hier und da ein neuer Anstrich gut zu Gesicht, da der Zahn der Zeit und die salzige Seeluft ihre Spuren hinterlassen haben. Wir schauen kurz in den menschenleeren Innenraum. Um diese Tageszeit gehen die Gläubigen weltlichen Beschäftigungen nach. Schräg gegenüber proben Trommler und Musikanten für den Karneval, der auf den Kapverden groß gefeiert wird.

Wir schauen den Tänzern beim Einstudieren ihrer Choreografie zu, lauschen den Sambarhythmen und stimmen darin überein, dass es wohl kein angenehmeres Wetter für Freiluft-Veranstaltungen geben kann. Hier findet das Leben vorwiegend auf der Straße statt, da die Sonneneinstrahlung die einfachen, schlecht isolierten Gebäude aufheizt und im Schatten vor der Tür die Temperaturen erträglicher sind. Wer will da schon in den eigenen vier Wänden bleiben? Wir fragen uns, ob sich die Menschen hier überhaupt irgendwann in geschlossenen Räumen aufhalten wie z.B. in einem Kino? Gibt es hier überhaupt eins? Leandro, einer der älteren Musiker, der sich gerade eine Pause vom Proben gönnt, gibt uns bereitwillig Auskunft ...

Auf Sal gibt es kein Kino mehr, früher jedoch erfreuten sich Filmvorführungen großer Beliebtheit. Waren sie doch eine willkommene Abwechslung zum harten Alltagsleben. Das hiesige Lichtspielhaus

‹ Straßenhändlerinnen verkaufen Obst und Gemüse von den Nachbarinseln Santiago, Santo Antão und São Nicolau

wurde in den 1920ern eröffnet, doch die Filme wurden damals in den Zeiten der Diktatur von der portugiesischen Geheimpolizei zensiert, so dass sie oft unvollständig gezeigt wurden. Szenen, die Ungerechtigkeiten der Obrigkeit darstellten oder den Widerstand thematisierten, wurden aus den Filmen einfach entfernt.

In seiner Kindheit ging Leandro gerne ins Kino, vor allem, weil vor dem eigentlichen Hauptfilm Cartoons gezeigt wurden, die nicht nur bei Kindern beliebt waren. Er erinnert sich an Erwachsene, die gleich nach den Cartoons das Kino verließen und offenbar kein Interesse an den Hauptfilmen hatten. Heute weiß er, dass in den Zeichentrickfilmen Botschaften über Menschenwürde und Gerechtigkeit versteckt waren. Und er ist überzeugt, dass dieses verborgene Gedankengut einen nachhaltigen Einfluss auf die damalige Jugend hatte, die sich später gegen Diktatur und Kolonialismus zur Wehr setzte. Kinogänger wie Leandro sind überzeugt, dass die unscheinbar daherkommenden Filme einen wichtigen Beitrag zur Befreiung des Landes und zur Unabhängigkeit von Kap Verde geleistet haben. „Sie ließen uns von Freiheit träumen und für unsere Rechte kämpfen", erinnert er sich. „Viele träumten auch von der Welt, die sie in den Filmen sahen, jenseits der Kapverden. Und da die Filme meist in Englisch waren, lernten wir auch, eine neue Sprache zu verstehen. Das Kino hatte großen Einfluss auf die Entwicklung unseres Landes."

Doch das war damals – heute gibt es kein Kino mehr und das Fernsehen ist auch hier allgegenwärtig. Die Menschen verbringen viel Zeit im Freien mit Musik, Sport und klassischen Spielen wie Tischfußball oder dem traditionellen Brettspiel der Kapverden, *Ouril*. Besonders bei Jungs und Männern ist das Spiel überaus beliebt. Ursprünglich stammt es aus Westafrika, wo das Brettspiel *Oware* genannt wird. Es ist ein Strategiespiel mit recht komplexen Regeln. Die Spielsteine oder *Ouris* sind die Samen von Sträuchern der Gattung *Caesalpinia*, die auf Kap Verde *Ourinzeira* heißen. Ziel des Spieles ist es, alle *Ouris* des Gegners zu ergattern. Es wird vor allem draußen im Schatten von Bäumen gespielt und fördert die Geselligkeit.

Während sich die Männer beim *Ouril* oder Kartenspiel entspannen, sind die Frauen mit anderen Aufgaben

FATIMA SHOP

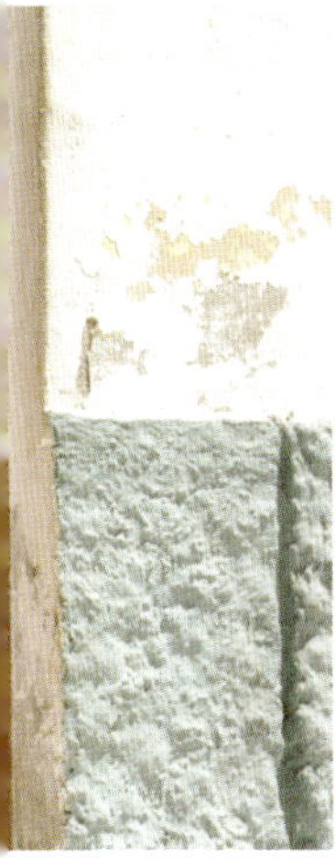

beschäftigt. Sie verkaufen Obst und Gemüse aus Körben, die sie auf ihren Köpfen balancieren, oder aus Schubkarren, auf denen sie ihre Ware präsentieren. Auf einem der Karren entdecken wir Früchte, die wir sonst noch nirgends gesehen haben. Es sind kleine Beeren, die *Zimbrão* genannt werden und von Santiago stammen. Sie sehen leicht überreif aus, schmecken aber köstlich. Im Gespräch erzählt uns die Frau, sie sei eine *Badiu* aus Santiago und hierhergekommen, um ein besseres Leben zu finden. Was schon ironisch sei, da sich der Migrationsfluss auf den Inseln umgekehrt habe und die Leute nun ausgerechnet auf eine Insel strömten, die noch nie viel zu bieten hatte. Grund dafür sei der Tourismus. Sie möge die neue Heimat, auch wenn sie Santiago und die Bäume auf dem Monte Malagueta oft vermisse und die Leute hier ein anderes Kreol sprechen. Wenigstens könne sie nun ihre Kinder ernähren und ab und zu mit der Fähre nach Hause fahren zur restlichen Familie.

## Das Museum von Sal

Im Jahr 2015 wurde das Museum von Sal eröffnet, das dem Besucher einen umfassenden Einblick in die Geschichte und die Kultur der Insel gewährt. Hier erfahren wir von der einstigen Bedeutung des Salzabbaus in Pedra de Lume und dem Stellenwert des Wassers auf einer Insel, die keine natürlichen Süßwasservorkommen hat. Auch die Bewohner Sals werden vorgestellt, die ursprünglich von São Nicolau

 ^ Am späten Nachmittag haben auch die Surfbretter endlich Pause

und Boa Vista stammen. Nicht zu vergessen der Einfluss der Europäer, die nicht nur das Aussehen der Bevölkerung, sondern auch die Gestalt der Insel verändert haben.

Hier erfahren wir mehr über den ersten Gouverneur der Insel, Manuel António Martins. Ende des 18. Jahrhunderts kam er nach Kap Verde und siedelte zunächst auf Boa Vista. Als Händler war er damals der reichste Mann auf den Inseln. Er hatte mit dem Monopol auf den Verkauf von Lackmusflechten und dem Salzabbau ein Vermögen gemacht. Er war auch verantwortlich für die Besiedlung von Sal, wo er die Saline in Pedra de Lume gründete und die Salzproduktion vorantrieb. Zudem ließ er die erste Eisenbahn im portugiesischen Kolonialgebiet errichten, um das Salz aus dem Abbaugebiet zum Hafen zu transportieren. Das Salz wurde seinerzeit größtenteils nach Brasilien verkauft, bis der Markt infolge ansteigender Schutzzölle zusammenbrach. Heutzutage steht die Produktion still, sodass in der Saline nicht einmal mehr ausreichend Salz für den Bedarf der Insel erzeugt wird.

Das neue Museum von Sal ^

# Kaza d'Artista

Es gibt zwar kein zweites Museum auf Sal, doch das kulturelle Konzept der *Kaza d'Artista* kommt dem sehr nahe. Das Projekt unterstützt in seinen Räumen in Santa Maria die Kultur der Kapverden, indem es die Künstler und Kunsthandwerker der Insel in den Vordergrund stellt, die sonst in Gefahr laufen, von den überall angebotenen Kunsthandwerksprodukten aus Kontinental-Afrika verdrängt zu werden.

Ausgestellt werden im Bereich Bildender Kunst sowohl Bilder und Gemälde als auch Skulpturen und plastische Objekte. Auch dem Thema Musik wird reichlich Raum gegeben. Im ersten Stock befindet sich eine Galerie, die von dem bekannten kapverdischen Maler Kiki Lima betreut und geleitet wird. Kiki fand als Kind der Kapverden auch international als renommierter Künstler Anerkennung. Schon im Alter von 16 Jahren widmete er sich voller Leidenschaft der Malerei und studierte später in Portugal. Sein bemerkenswertes Schaffen präsentiert er nun in einer Ausstellung, die seine Entwicklung als Maler über die Jahre dokumentiert.

Das Thema der Ausstellung dreht sich rund um die Kapverden, illustriert durch Bilder, die seine bevorzugten Motive zeigen: Frauen, Migration, das Meer und die Musik. Die Dokumentation stellt tatsächlich eine Art Mini-Museum dar, in dem man Einblicke in die kapverdische Kunst des Lebens gewinnt und ein Gefühl für die kapverdische Art des Seins bekommt. Natürlich findet sich hier auch ein Platz für



^ Kiki Limas Kunstgalerie findet man in der *Kaza d'Artista*, Santa Maria die neuesten Werke des Künstlers, die man hier käuflich erwerben kann. Wir sind begeistert von seinen farbenfrohen Bildern, die uns mit ihrer reichen Symbolik und lebendigen Ausstrahlung verzaubern.

Die Bar im Erdgeschoss bietet einen besonderen Raum für Musik, wo in den Monaten der Touristen-Hochsaison jeden Abend Life-Musik-Events stattfinden. Wir haben das Glück, einen solchen Abend zu erwischen, an dem das Konzert – wie so oft in Sal – auf der Straße und unter den Sternen stattfindet. Tische und Stühle werden kurzerhand nach draußen gestellt und schon hören wir den Gitarristen beim Stimmen der Instrumente zu. Zur Einstimmung auf den Abend laben wir uns an kapverdischen Cocktails: einen *Pontche* und einen *Caipirogue* – ein Caipirinha mit *Grogue* statt Rum. Dann lassen wir uns von den typisch kapverdischen Melodien und Rhythmen der fröhlichen Funanas und Coladeiras verzaubern. Und als sich später, begünstigt durch die leckeren Drinks, eine zufriedene Müdigkeit einstellt, schlendern wir über den Pflasterweg zurück zu unserer Unterkunft, begleitet vom langsamen Rhythmus einer wunderschönen Morna. Die Straßen sind mittlerweile menschenleer und nur ein streunender Hund gibt uns als „Bodyguard" das Geleit, mit Augen voller Hoffnung auf einen späten Magenfüller.

Ein abendliches Straßenkonzert vor der *Kaza d'Artista* ^

# Das Leben am Pier

Am nächsten Morgen bummeln wir zum Strand, der sich nur wenige Meter entfernt vom Ortszentrum ins Unendliche erstreckt. Das Leben der Menschen von Santa Maria spielt sich auf und um den hölzernen Pier ab. Hier trifft man sich am frühen Morgen, wenn die Fischer mit ihrem reichen Nachtfang vom Meer zurückkehren. Und hier sind sich alle in einer Sache einig und finden tagtäglich Bestätigung bei ihrer Arbeit: Das Meer um Kap Verde ist gespickt mit Fischen aller Art! Direkt aus den Booten und auf dem Pier verkaufen sie einen Teil ihres Fangs, noch während sie die verschiedenen Fischarten in einzelne Körbe sortieren. Und derweil die Fischer noch mit ihren Kunden

um Preise feilschen, springen ein paar Jungs und halbwüchsige Burschen vom Pier ins türkisblaue Wasser der Bucht. Ein Spektakel, das jeden Morgen das gleiche ist und bei dem es uns doch nie langweilig wird, es anzuschauen.

Gegen Ende des Sommers stehen verschiedene religiöse Feierlichkeiten an. Diese Feste werden auf der Insel sehr ernst genommen, denn sie stehen unmittelbar mit den Fischern und ihrem Beruf in Zusammenhang. Im Verlauf der Zeremonien werden alte und neue Boote gesegnet, um sie vor Unglück, Unfällen und Schiffbruch zu schützen. Gleichzeitig bitten die Fischer um reiche Fänge und Wohlstand im kommenden Jahr. Bei diesen religiösen Riten mischen sich Religion und Aberglaube – keiner der Fischer würde z.B. aufs Meer hinausfahren, ohne sich zuvor zu



^ Ein Fischer präsentiert stolz den Fang des Tages

Sprung vom Pier ins türkisblaue Wasser ›

^ Frisch gefangene Fische werden sofort nach dem Fang auf dem Pier an Händler und Kunden verkauft. Hier wird der Fisch auch gleich ausgenommen und geputzt

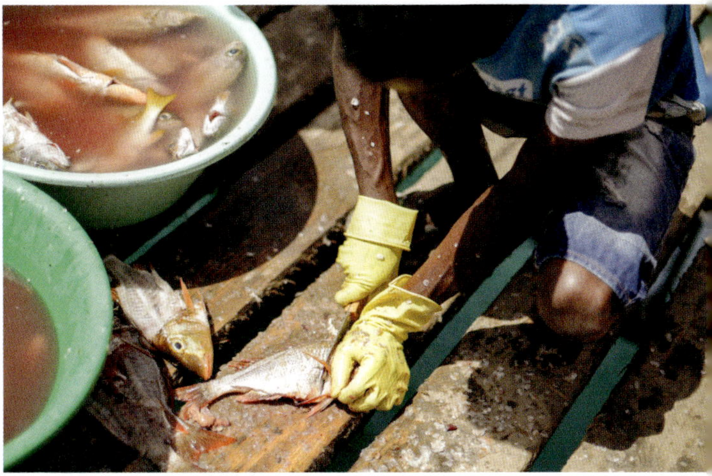

Neben dem Tourismus ist die Fischerei eine Haupteinnahmequelle für die Menschen auf Sal ^

^ Fischer mit prall gefülltem Boot am Pier von Santa Maria

bekreuzigen. Und keiner von ihnen würde je mit dem Finger auf die See zeigen, weil dies nach ihrem Verständnis Unglück bringt.

Die kleinen Fischerboote werden von Bootsbauern vor Ort auf der Insel gebaut. Ihre Ausstattung ist bescheiden, sie sind auf Effizienz ausgelegt und extrem wendig. Sie haben nur schwache Motoren, damit die Fischerei auf die Küstenregion beschränkt bleibt. Der Broterwerb als Fischer ist hart und nicht immer lukrativ, denn in vielen Fällen sind die Fischer Lohnarbeiter für die Eigentümer der Boote, da sie sich kein eigenes Boot leisten können. So sind sie in der misslichen Lage, Abkommen mit den Bootsbesitzern zu treffen, die einen Teil des Fanges abbekommen. Und dann kann es durchaus vorkommen, dass nach Abzug der Benzinkosten am Ende des Tages nichts mehr für sie selbst übrig bleibt. Manche Fische und Meerestiere sind begehrter als andere und bringen dementsprechend mehr Gewinn, doch ihr Fang ist in der Regel mit zusätzlichen Anstrengungen und Gefahren verbunden: Muränen, die

^ Die Einheimischen verbringen den Abend gern am Strand, wo sie Fußball spielen, schwimmen gehen oder Musik machen

schwer zu erbeuten sind und deren Biss gefürchtet ist, Langusten, die nur tauchend gefangen werden können, oder Entenmuscheln, die mühsam von den Felsen in der Brandungszone geerntet werden müssen.

Die Fischverkäufer können ihre Ware mit etwas Glück gleich am Pier losschlagen, doch an weniger erfolgreichen Tagen bleibt ihnen nur die Wahl, den Fisch auf der Straße an Passanten zu verkaufen. Wenn dann am Nachmittag immer noch Fische übrig sind, gehen sie mit den großen Körben auf dem Kopf von Tür zu Tür, klopfen an und rufen: „Oli, pexe fresk!" – Hallo, frischer Fisch!

Selbst nach einem wenig profitablen Tag verbringen die Leute den Abend ganz entspannt. Die Älteren gönnen sich einen *Grogue* in einer der Tavernen und spielen Karten oder *Ouril*. Die Jüngeren tummeln sich am Strand, spielen Fußball oder Gitarre. Überall und jederzeit gilt das ungeschriebene Gesetz: „No Stress" – zwei Worte, die

das kapverdische Lebensgefühl trefflich widerspiegeln. Eine Einstellung, die ansteckend ist, was man z.B. in Restaurants und Cafés spürt, wo die Bedienung freundlich, aber betont langsam ist. Oder am Strand, an dem das Stehpaddel zur komfortablen Sitzgelegenheit wird. Wer Entspannung und ein stressfreies Leben sucht, ist in Santa Maria bestens aufgehoben.

## Sonne und Strand

Der weitläufige Strand von Santa Maria im Süden der Insel, dessen Zentrum vom hölzernen Pier dominiert wird, ist von einem wunderbar weißen Sand bedeckt und liegt nur wenige Schritte vom Ortszentrum entfernt. Wie mit weit geöffneten Armen scheint die geschwungene Bucht das Meer willkommen zu heißen. Die Kräuselungen und trägen Wellenbewegungen des Wassers lassen seine Oberfläche silbrig im



^ Die Bucht von Santa Maria ist einer der beliebtesten Strände der Insel

Sonnenlicht glitzern. Wir sind überrascht von der Reinheit des klaren, türkisblauen Wassers: Der Fischreichtum vor der Küste kann nicht nur beim Schnorcheln bewundert werden, sondern auch von jedem Schwimmer in Strandnähe und sogar vom Pier aus. Im lauwarmen Meer kann man hier Stunden verbringen und die Aussicht auf das Geschehen am Strand und den belebten Pier genießen.

Unmittelbar an der Küste liegt unweit des Piers ein ganz besonderes Hotel, dessen Geschichte eng mit der Entwicklung des Tourismus auf der Insel verknüpft ist: das Hotel Morabeza. Sein Name bezieht sich auf das kapverdische Wort für Gastfreundschaft und die warme, freundliche Art der Kapverdier, Menschen willkommen zu heißen. Gegründet wurde das Hotel von einem belgischen Ehepaar, von Gaspard Vynckier und seiner Frau Marguerite Massart Vynckier, die die Insel Ende der 1960er Jahre zu ihrem Rückzugsort vom kalten europäischen Winter auserkoren hatten. Nachdem sie das Haus fertiggestellt hatten, installierten sie eine mit Sonnenenergie betriebene

^ Die Bucht von Santa Maria aus der Vogelperspektive mit dem Pier im Zentrum und dem Leuchtturm von Ponta do Sinó auf dem Kap im Hintergrund

Meerwasserentsalzungsanlage, die das ganze Dorf über Jahre hinweg mit Trinkwasser versorgte.

Als dann die südafrikanische Airline den Flughafen von Sal zum festen Zwischenstopp für ihre Flüge nutzte, fragte ein Pilot die Hausbesitzer, ob sie ihm und seiner Crew nicht zwei Räume vermieten könnten. Das war der Anfang des Hotelbetriebs und des Erfolgs des Morabeza, das heute 140 Betten zählt. Nachdem der Tourismus Ende der 1990er Jahre auf der Insel Einzug hielt und sich in rasantem Tempo entwickelte, finden sich heute neben dem Morabeza zahlreiche weitere Ressorts und Hotels auf einer Wegstrecke von etwa vier Kilometern den Strand entlang.

Ebenfalls direkt an der Küste stehen von der Ortsmitte aus in Richtung Pier ein paar der ältesten Bauwerke der Stadt. Santa Maria wurde 1835 vom Portugiesen Manuel António Martins gegründet, der mit dem Salzabbau auf der Insel begann und ihn im großen Stil betrieb. Er importierte vorgefertigte Häuser für seine Arbeiter und deren Familien, die von Boa Vista hierher zogen. Zudem holte er Sklaven aus Afrika, die für ihn in den Salzminen schuften mussten. Neben all den Gebäuden, die er errichten

**„ türkisblaues Meer und durchschnittlich 350 Sonnentage “**

ließ, sorgte er auch, wie schon erwähnt, für den Bau einer Eisenbahn, die das gewonnene Salz bis an den Hafen brachte. So konnte der Unternehmer die Salzproduktion innerhalb kürzester Zeit enorm steigern, auf über 30.000 Tonnen pro Jahr. Sein Unternehmen hielt ihn zeitlebens auf der Insel, auf der er nach seinem Tod im Jahr 1845 auf dem Friedhof von Santa Maria begraben wurde.

Für einen Badeurlaub mit jede Menge Angeboten an Freizeitaktivitäten, wie sie sich der moderne Urlauber wünscht, ist Sal mit seinen attraktiven Sandstränden, dem türkisblauen Meer und durchschnittlich 350 Sonnentagen im Jahr ein hervorragendes Urlaubsziel. Die Insel gilt auch bei den Kapverdiern von anderen Inseln als beliebtes Urlaubsziel und ebenfalls bei vielen Migranten, die jedes Jahr aus Übersee nach Hause kommen. Auch wenn die meisten zuerst auf ihre Heimatinseln zurückkehren, gibt es doch immer mehr Kapverdier, die im Inland reisen und ihre Ferien auf verschiedenen Inseln verbringen. Sal ist dabei ihr absoluter Favorit und nach einem Jahr harter Arbeit in den USA oder in Europa genießen sie Sonne, Sand und Strand genauso wie jeder andere Tourist.

‹ Auch die Einheimischen genießen die vielen tollen Strände der Insel

## Spaß beim Wellenreiten

Auch wenn „Jet-Ski" ein geschütztes Warenzeichen einer bekannten Motorradmarke ist, so ist er doch zum Sammelbegriff für diese Art von Wassermotorrädern geworden. Wir hatten bisher kaum eine Gelegenheit, auf der Insel Motorrad zu fahren, und daher kommt uns nun ein „Ausritt" mit der aquatischen Variante gerade recht. Und da dies unsere Jungfernfahrt mit dem Jet-Ski sein wird, sind wir froh, eine gründliche Einweisung zu erhalten. Gut zu wissen, dass ein Gurt um unser Handgelenk mit dem Motor verbunden ist – der sogenannte „Quick Stop" –, so dass dieser sich automatisch abschaltet, wenn wir ins Wasser stürzen sollten. Wir legen unsere Schwimmwesten an, überprüfen sorgfältig deren Sitz und sind bereit für die erste Lektion.

Wie bei einem Motorrad kontrolliert man das Wasserfahrzeug über die Bedienungselemente des Lenkers. Das ist unkompliziert, doch es fällt uns ungleich



^ Jet-Skis können von verschiedenen Agenturen am Strand gemietet werden

schwerer, die Maschine zu wenden. Das Lenken scheint uns beim Jet-Ski vergleichsweise schwieriger zu sein als beim Motorrad, doch wir lassen uns nicht entmutigen und üben so lange, bis wir halbwegs klarkommen.

Mit etwas Übung und einer guten Portion Selbstvertrauen bewegen wir uns erst einmal im Kriechgang vom sicheren Strand weg, bevor wir es wagen, mutig Gas zu geben. Bei ausreichender Beschleunigung hebt sich die Nase des Jet-Skis aus dem Wasser und als wir eine bestimmte Geschwindigkeit erreichen und beibehalten, hopst der Jet-Ski förmlich über die Wellen. Wir sind froh, dass man uns zuvor instruiert hat, in dieser Phase leicht gebeugt über dem Sitz zu stehen – wie ein Reiter, der aufrecht im Steigbügel steht – um damit den Aufprall des Jet-Skis auf die Wellen besser abzufedern. Auch diesen Dreh finden wir schnell heraus und genießen jetzt einen noch höheren Spaßfaktor.

Auf dem Jet-Ski bekommt man eine andere Perspektive auf den Strand geboten ^

Wir bemerken aber, dass diese Art des Wellenreitens anstrengend sein kann, speziell die Arme werden stark beansprucht. Daher gönnen wir uns eine Pause, schalten den Motor ab, um vom Meer die Aussicht auf den Strand zu genießen und uns die Sonne ins Gesicht scheinen zu lassen. Vor uns hin träumend bemerken wir erst spät, dass sich uns ein Boot genähert hat. Es sind Fischer auf dem Weg nach Hause, mit einem Boot voller Fische. Sie erkundigen sich besorgt, ob bei uns alles in Ordnung sei. Wir können sie beruhigen und verbuchen im Stillen ihre Anteilnahme als eine weitere Manifestation von *Morabeza*.

Auf unserem Weg zurück zum Strand fahren wir an zahlreichen Fischerbooten vorbei und kreuzen mehrere Freizeitsportler, die sich im Stehpaddeln üben. Eine weitere Sportart auf unserer To-Do-Liste. Wie bei anderen Sportarten, die einfach und leicht erscheinen – wenn man sie beherrscht – täuscht auch hier der erste Eindruck, wie wir schon sehr bald am eigenen Leib erfahren werden …

Als wir uns später am Strand Stehpaddel-Boards ausleihen, sind wir noch voller Stolz auf unsere gelungene Jet-Ski-Exkursion, bei der wir durchaus eine passable Figur abgegeben haben. Gut möglich, dass wir deswegen nicht besonders aufmerksam zuhören, als man uns das ABC dieser Sportart erklärt. Jetzt aufgepasst: es geht darum, wie man unbeschadet vom Board fällt. Bla, bla, bla … wer zum Teufel fällt bei einer derart ruhigen See von einem solch breiten Board? Wir haben schon Hunde gesehen, die das ohne lange Einweisung locker meistern! Hunde haben allerdings im Gegensatz zu uns vier Beine, was ihnen das Stehen auf schaukelndem Grund leichter macht. Und wenn schon … Doch als wir uns auf dem Board aufrichten, fängt das große Beben an. Zwei Kapverdier paddeln in perfekter Körperhaltung vorbei und geben uns gut gemeinte Ratschläge. Wenn man allerdings wie diese Burschen auf dem Board auf einem Liegestuhl sitzt – No Stress – ist es natürlich leicht, kluge Ratschläge zu geben! Nach einer gefühlten Stunde angestrengter Versuche beginnen wir jedoch, ihre Tipps ernst zu nehmen und statt hinab auf das Board auf den Horizont zu schauen. Und siehe da – schon stehen wir! Ein weiterer Fehler ist es, nicht zu berücksichtigen, dass das Board eine Bug- und eine Heckseite hat. Wir versuchen dummerweise, mit der Finne nach vorne zu paddeln, und wundern uns, dass wir nicht vorankommen. Ein Junge surft an uns vorbei und macht uns darauf aufmerksam. Er will uns zeigen, wie man es richtig macht. Wir sind frustriert

Stand up paddling mit tierischer Begleitung ist nur eine ›
von vielen Varianten dieser Sportart auf Sal

Bruno
SOL

FUNTEC
ODISSEE IV

und rufen ihm zu, er soll sich nicht darum scheren. Wer braucht schon Stehpaddel-Tipps von einem Kind? Wir doch nicht! Über beide Backen grinsend schwingt er sich auf sein Board und surft elegant davon.

Schließlich finden wir, dass es genug für heute ist, wir geben auf. Morgen ist ein neuer Tag, dann versuchen wir's noch mal! Als wir aus dem Wasser steigen, starrt uns am Strand ein Hund mit hämischem Gesichtsausdruck an, als wolle er sagen: „Gar nicht so einfach, gell?" Wahrscheinlicher ist aber, dass er uns nur anstarrt, weil er einen leeren Magen hat und sich einen Happen von uns erhofft. Alles eine Frage der Interpretation.

Auf den Kapverden gibt es jede Menge streunende Hunde. Manchmal kann daraus ein echtes Problem entstehen, denn manche dieser Tiere übertragen Krankheiten, die vor allem Kindern gefährlich werden. Hier gibt es zum Beispiel eine Hautkrankheit, die in den meisten Teilen der Welt längst ausgerottet ist, auf den Inseln des Archipels aber immer noch von Hunden übertragen wird. Einige NGOs versuchen seit einiger Zeit, die Probleme zu lösen, ohne die Tiere gleich zu töten. Die Organisationen haben es sich zum Ziel gesetzt, all die streunenden Hunde und Katzen auf den Inseln zu impfen und zu entwurmen. Auch Kastration wird als Mittel eingesetzt, um die unkontrollierte Vermehrung der streunenden Tiere einzudämmen. Man arbeitet auch emsig daran, einheimische Haustierhalter in Sachen Gesundheit und Hundehaltung zu schulen. Durch das Verwenden von Leinen lassen sich zum Beispiel Verkehrsunfälle mit Hunden leicht vermeiden.

Außerdem haben die NGOs eine kostengünstige Tierklinik eingerichtet sowie eine Auffangstation für verletzte Hunde und Katzen, die nach dem Klinikaufenthalt noch nicht fit für das Leben auf der Straße sind. Die NGOs suchen händeringend nach freiwilligen Mitarbeitern und Spendern, die mit etwas Geld helfen können, die wichtige Arbeit in Sachen Gesundheit und Tierschutz aufrecht zu erhalten. Eine dieser Organisationen ist SIMABO, deren Mitarbeiter in Vollzeit auf São Vicente aktiv sind, aber auch regelmäßig alle anderen Inseln besuchen, um das Problem streunender Hunde und Katzen in den Griff zu bekommen.

‹ [oben] Beach-Volleyball und Angeln gehören zu den typischen Strandaktivitäten

‹ [unten] Paddeln auf dem Board; Ein streunender Hund am Strand genießt die Sonne

 ^ Eine stressfreie Art des „stand up paddling" und eine typisch kapverdische Szene

^ Blick auf den Strand von Santa Maria vom hölzernen Pier

# Botanischer Garten und Zoo di Terra

An heißen Tagen – und davon gibt es hier viele – ziehen sich die Einheimischen gern in den Schatten des neuen Botanischen Gartens zurück, der etwa fünf Kilometer entfernt vom Zentrum von Santa Maria an der Straße nach Espargos liegt. Diese Gärtnerei und Baumschule, versorgt die Hotels von Sal und von den Nachbarinseln mit Bäumen, Büschen, Kakteen und Blumen. Die Eigner entschieden sich das große Areal mit seinem riesigen Pflanzenbestand auszubauen und zusätzlich auf eine andere Art und Weise zu nutzen, um Besuchern eine „grüne Insel" auf Sal zu bieten, die zum Relaxen einlädt und in der man obendrein etwas über die lokale Flora und Fauna der Kapverden erfahren kann.

Aus dieser Idee erwuchs auf der sonst nur spärlich bewachsenen Insel eine echte Oase, ein paradiesischer Garten. Im Schatten üppiger Palmen lässt es sich auch an heißen Tagen gut aushalten und die Kapverdier lieben es, hier ihre Feste zu feiern, ganz gleich, ob es um einen Geburtstag oder eine Hochzeit geht. An der Bar gibt es frischgepresste Säfte, die man auf den bequemen Sitzen auf dem angrenzenden Rasen genießen kann. Wem der Sinn danach steht, kann hier auch einen angenehmen Nachmittag bei einem Picknick verbringen.

Der Botanische Garten bietet eine unglaubliche Vielfalt an Pflanzen. Mehr als 120 Arten sind dort vorzufinden, die alle auf den Kapverden wachsen und zum Teil endemisch sind. Von ihrer Größe her stechen vor allem die Palmen ins Auge, die bis zu 20 Meter hoch in den Himmel ragen. Hierzu gehören die Kokos- und Dattelpalmen, deren Früchte von August bis November reifen, aber nur selten auf dem lokalen Markt zu finden sind. Daher lieben es die Kinder, die süßen Früchte als leckere Snacks mit allerlei Tricks von den hohen Bäumen zu holen.

Neben den Palmen beherbergt der Botanische Garten Bananenstauden, Kakteen, tropische Blumen sowie die unterschiedlichsten Büsche und Bäume. Die gelben Blüten der *Babosa* – der Aloe vera – sind gut sichtbare Farbtupfer über den grünen fleischigen Blättern. Die Aloe wird auf den Kapverden aus alter Tradition zu Heilzwecken eingesetzt, frisch oder getrocknet. Man

Im Botanischen Garten gibt es mehr als › 120 Pflanzenarten aus ganz Kap Verde zu sehen

verwendet sie z.B. als verdauungsfördernden Tee oder zur Haut- und Haarpflege. Für rote Farbtöne im Garten sorgen unterschiedliche Hibiskus-Arten, deren Blüten hier auf Kap Verde das ganze Jahr hindurch als Tisch-Dekoration, aber auch getrocknet als Tee verwendet werden. Aus den Blüten einer besonderen Hibiskus-Art, der Roselle – *Hibiscus sabdariffa* –, die auf den Inseln als *Bissap* bekannt ist, wird ein köstlich erfrischender Saft gepresst. Die meisten lokalen Restaurants und Bars haben ihn auf ihrer Karte. Während unserer Zeit auf den Kapverden ist er schnell zu unserem Lieblingsgetränk geworden.

Beim Betrachten des üppigen Gartens stellt sich uns die Frage, wie die Betreiber ihn auf einer so trockenen Insel derart grün erhalten können. Da es auf Sal keine natürlichen Süßwasservorkommen gibt, haben sich die Manager – ein junges italienisch-argentinisches Paar – eine brillante Lösung einfallen lassen: Die Pflanzen werden mit dem Grauwasser der zahlreichen Ressorts und Hotels der Insel versorgt.



^ Der Botanische Garten umfasst auch einen Streichelzoo, in dem Kinder die Tiere füttern helfen können

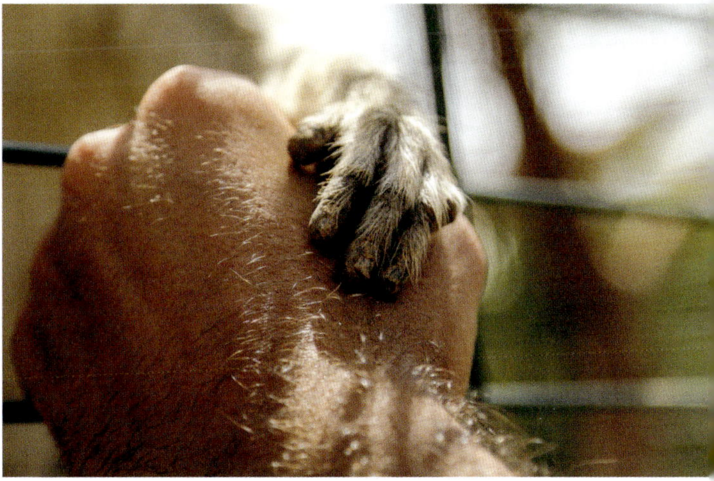

Außer Pflanzen gibt es hier auch einige der beliebtesten Tiere der Insel zu sehen. Es ist kein klassischer Zoo, der den Besuchern exotische Arten hinter Gittern präsentiert, sondern eher ein Streichelzoo, in dem vor allem Kinder auf Tuchfühlung mit den Tieren gehen können. Manche von ihnen wurden ausgesetzt, wie der Esel Pablo, der den ehemaligen Besitzern einfach zu alt geworden war.

Außer Eseln gibt es hier Ziegen, Hasen, Enten, Meerschweinchen sowie den süßen Affen Fonzie, den griesgrämigen Hahn David und den eitlen Pfau Cesar, der die Besucher mit seinen unvorstellbar langen Schwanzfedern begeistert, die er gerne und oft zum Rad auffächert. Im Zentrum des Gartens befindet sich ein hübscher kleiner Teich voller Seerosen, auf deren Blätter es sich junge Wasserschildkröten gemütlich machen.

# Aktiv-Reitsport am Strand

**Auf dem Pferderücken über den Strand und dann anschließend mit dem Pferd ins Meer zu schwimmen ist eine fantastische Erfahrung!**

Als wir Reiter und Pferde am Strand sehen, werden wir neugierig. Wir lieben Pferde und haben uns vor nicht allzu langer Zeit schon einmal unseren Wunschtraum erfüllt, über den Strand zu reiten. Die Erfahrung der Nähe zu Tier und Natur hat uns so stark beeindruckt, dass wir sie hier auf den Kapverden unbedingt wiederholen möchten. Wir haben gehört, dass es hier sogar möglich sein soll, nach dem Ausritt mit dem Pferd schwimmen zu gehen. Wir fragen uns: Geht das überhaupt und können Pferde wirklich schwimmen?

‹ Reiten am Strand bei Ponta Preta

Valério ist ein junger Kapverdier, der an der malerischen Küste zwischen Ponta Preta und Ponta do Sinó Ausritte durch die unberührte Natur anbietet. Er kam auf die Idee, den Gästen auf der Insel etwas Neues zu bieten, das etwas Besonderes sowohl für Naturfreunde und Romantiker als auch für erfahrene Reiter ist, die hier auf Sal eine unvergessliche Erfahrung machen möchten. Wie beispielsweise einen Sonnenuntergang auf dem Rücken eines Pferdes am malerischen Strand erleben. Ein solches Erlebnis bekommt man zuhause nicht geboten! Es könnte sogar ein Angebot an manche Eltern sein, die ihren Kindern eine solch einmalige Erfahrung mit auf den Weg ins Leben geben möchten. Zu der Zeit, als die Idee Gestalt annahm, kümmerte sich Valério bereits voller Hingabe um ein paar Pferde, denen er mit dieser Geschäftsidee und den damit verbundenen Mehreinnahmen ein noch angenehmeres Leben und noch bessere Pflege angedeihen lassen konnte. Seitdem verbringt er seine Tage vorwiegend am Strand und reitet mit seinen Gästen am Meer entlang und durch die Natur.

Seit kurzem hat er nun ein neues Angebot in sein Programm aufgenommen, das von seinen Kunden begeistert angenommen wird: Nach dem Ausritt gehen alle gemeinsam im Meer schwimmen, Ross und Reiter. Aus der Erfahrung seiner langjährigen Arbeit mit Pferden weiß Valério, dass die Vierbeiner jederzeit für eine Abkühlung zu haben sind und sehr

**„Die Pferde wiehern und blähen ihre Nüstern“**

gerne schwimmen. Und er begriff schnell, dass diese Möglichkeit auch für seine Reitgäste zu einem unvergesslichen Moment werden könnte. Auch uns turnte die Vorstellung an, und die Vorfreude, auf dem Rücken eines Pferdes ins offene Meer hineinzureiten, wuchs mit jedem Augenblick.

Ich war sofort verliebt in mein Pferd, einen rotbraunen Wallach mit schlanken Beinen und einem wohldefinierten Widerrist – eine echte Schönheit. Man sieht auf den ersten Blick, dass Valérios Pferde gut gepflegt sind und vorbildlich behandelt werden. Davon zeugen nicht zuletzt ihr dichtes Fell und ihre wallenden Mähnen, unter denen man beim Anfassen ihre wohlgeformten Nackenmuskeln fühlen kann.

Erwartungsfroh schwingen wir uns in den Sattel. Die Pferde wiehern und blähen ihre Nüstern. Sie geben damit das Zeichen, dass sie bereit sind loszulegen. Eine Weile traben wir über felsiges Gelände, bis der Boden sandiger wird und wir uns den Küstendünen nähern. Am Strand angekommen reiten wir am Meeressaum entlang. Die Pferde wirken befreit und wir lassen sie in ihrem eigenen Rhythmus voran traben. Ganz offensichtlich macht es ihnen großen Spaß, durch die seichten, auslaufenden Wellen der Brandungszone zu laufen.



Die Pferde traben am späten Nachmittag gemütlich am Strand entlang ›

Nachdem wir etwa eine Stunde lang in der prallen Sonne am Strand entlang geritten sind, geht es hinein ins erfrischende Nass. Wir machen Halt an einem ruhigen Strandabschnitt, den Valério und seine Pferde gut kennen. „Das Meer ist hier sicher für die Pferde", erklärt er uns, „weil es hier keine starken Strömungen und einen stabilen Untergrund gibt. Der Strand fällt allmählich ins Meer ab, es gibt keine plötzlichen Untiefen und die Pferde können Schritt für Schritt ins Wasser steigen. Wir kommen schon lange zusammen hierher und sie sind daran gewöhnt – ja, sie lieben es!"

Bevor es ins Wasser geht, entfernt Valério Sattel und Zaumzeug, damit die Pferde sich frei fühlen – er befestigt zur Absicherung aller, die Pferde eingeschlossen, lediglich ein Seil am Halfter. Dann geht es hinein ins erfrischende Nass. Die Pferde beginnen prustend zu schwimmen und fast könnte man vermuten, sie hätten schon den ganzen Tag auf diesen Augenblick gewartet. Die Nähe zu den Pferden, Auge in Auge, ist für uns eine außergewöhnliche und faszinierende Erfahrung. Wir spüren

^ Die Pferde schwimmen gerne und ihr Besitzer kennt das Meer so gut wie seine Westentasche, was das schwimmen mit Pferden zu einem sicheren Abenteuer macht

eine tiefe Verbundenheit mit den Tieren, die das gemeinsame Bad offenbar genauso genießen wie wir. Elegant pflügen sie mit weiten Nüstern und erhobenen Köpfen durchs Wasser. Und manchmal meinen wir in ihren Grimassen das typische „Pferdelächeln" erkennen zu können. Auch dies nur eine Frage der Interpretation? Gut möglich! Gekrönt wird das Erlebnis zum Abschluss eines mit Eindrücken vollen Tages von einem wunderschönen Sonnenuntergang – einfach unvergesslich.

Reiten am Strand ist etwas Außergewöhnliches, das konnten wir heute erfahren. Selten haben wir uns den Elementen und der Natur so nahe gefühlt und unser besonderer Dank gilt natürlich unseren kraftvollen, edlen, vierbeinigen Freunden, die ihren ganz erheblichen Teil dazu beigetragen haben.

[oben] Mit dem Pferd ins Meer ^
[unten] Valério und sein Pferd nach dem schwimmen ^

^ Ein unbeschreibliches Gefühl der Naturnähe: schwimmen mit dem Pferd nach dem Ausritt über den Strand

# Segeln mit dem Wind

**Vom hölzernen Pier von Santa Maria aus schauen wir uns die Boote an, die in der Bucht vor Anker liegen. Wir halten Ausschau nach der Cuba Libre ...**

Auf dieser Insel, deren Bewohner mit dem Meer und von den Gaben des Meeres leben, ist für uns eine Bootsfahrt von großem Reiz, auch um dem Lebensgefühl und der Essenz der Insel nahe zu kommen. Tags zuvor haben wir einen großen Katamaran gesehen, der vollgepackt mit Touristen seine Bahn zog. Bei dem Anblick wäre uns fast die Lust vergangen, es ihnen gleich zu tun. Einen Nachmittag wie Sardinen in der Konservendose an Bord eines Ausflugsboots zu verbringen, entsprach nicht wirklich unseren Vorstellungen. Doch dann sahen wir eine 12 Meter lange,

‹ Blick von einem Segelboot auf das andere in der Abenddämmerung

elegante Segelyacht, die sich langsam dem Pier näherte. Die zwei großen Segel wurden eingeholt, die Yacht kam dümpelnd zum Stehen und ging dann vor Anker.

Die Zwei-Mann-Crew und acht vor Zufriedenheit strahlende Passagiere kehren offensichtlich von einem Nachmittagstörn durch die Gewässer vor Sal zurück. Angesichts der glücklichen Minen aller Teilnehmer scheint uns dies schon eher das zu sein, wonach wir suchen. Umgehend erkundigen wir uns bei der Besatzung nach den Voraussetzungen und Bedingungen einer Bootstour auf ihrer Yacht. Nachdem wir erfahren, dass ein solch luxuriöser Yachtausflug entgegen unseren Befürchtungen keineswegs unser Urlaubsbudget sprengt, entscheiden wir uns spontan, eine halbtägige Tour auf der Cuba Libre zu buchen, um auf ihr die Küste von Sal entlang zu segeln.

Schon am frühen Morgen des nächsten Tages ist die Vorfreude auf den Segeltörn riesengroß. Wir können es kaum erwarten, bis es endlich soweit ist. Bruno, ein Mitglied der Crew, erwartet auf dem Pier seine Passagiere und fährt uns, nachdem alle versammelt sind, mit dem Schlauchboot zur Cuba Libre. Hier heißt uns Henrik, der freundliche Skipper, herzlich an Bord willkommen und macht uns mit den Regeln auf dem Boot vertraut. Während der Fahrt dürfen wir uns alle frei an Bord bewegen und es gibt auf der geräumigen Yacht keinerlei Einschränkungen vonseiten der Crew, solange wir die Sicherheits-Richtlinien einhalten. Die Zahl der Passagiere ist gemessen an der Größe der Yacht erstaunlich gering. „Dies soll für alle eine einmalige Erfahrung sein", erklärt Henrik, „und deshalb

**„ ... freie Sicht auf Santa Maria, den Strand und den Pier "**

beschränken wir mit Absicht die Teilnehmerzahl. So kann sich jeder frei bewegen, das Boot und den Seegang spüren, ungestört die Aussicht genießen und möglichst viel vom Flair auf einer Segelyacht mitbekommen. Darauf beruht unser Konzept und damit unterscheidet sich unser Service deutlich von allen anderen Anbietern." Gesundes Selbstbewusstsein und ein bisschen positive Werbung in eigener Sache ist immer erlaubt. Da wir keine Vergleichsmöglichkeit haben, können wir die Aussagen nicht beurteilen, wertschätzen aber das großzügig gestaltete Ambiente der Yacht. Alle haben ausreichend Bewegungsfreiheit an Bord und eine ungestörte Rundumsicht, ohne auf Zehenspitzen stehen zu müssen oder an anderen Personen vorbei einen Blick aufs Meer zu erhaschen. Eine sanfte Brise treibt uns voran und wir können uns ganz der herrlichen Aussicht widmen, in der berechtigten Hoffnung, früher oder später Wale oder Delfine zu Gesicht zu bekommen.

‹ [oben] Bruno genießt seinen Job an Bord; Die Cuba Libre in voller Fahrt

‹ [unten] Detailansicht der Seilwinde; Anabela genießt den Segeltörn

Vom Boot aus haben wir freie Sicht auf Santa Maria, den Strand und den Pier. Für einen Augenblick bilden wir uns ein, uns selbst dort zu sehen, wie wir gerade Fisch kaufen oder faul am Strand liegen.

Kurz darauf wird unsere Yacht von einer Gruppe Fliegender Fische überholt. Die Geschwindigkeit und die Strecken, die sie dabei in der Luft zurücklegen, sind erstaunlich – wir fragen uns, wie sich Fische über so viele Meter aus ihrem Element hinauskatapultieren können. Von Walen oder Delfinen gibt es bislang keine Spur, doch wir halten unsere Augen offen.

*It's tea time, friends*! Die Crew verwöhnt uns mit Kaffee, Tee und köstlichen kapverdischen Keksen. Das Leben auf See macht hungrig. Befriedigte Geschmacksknospen und ein gut gefüllter Magen erhöhen unser Wohlbefinden um weitere Grade. Unser Törn führt uns hinaus aufs offene Meer und dann jenseits des Leuchtturms von Ponta do Sinó in Richtung Westen. Unvermittelt macht sich Aufregung an Deck breit. Ein

^ [oben] Bruno hält Ausschau nach Walen, während Henrik am Steuer steht
^ [unten] Bruno hat einen Fisch an der Angel

Fisch hat an einer der Angeln angebissen, die die Crew am Heck der Yacht ausgeworfen hat. Wir eilen vom Bug nach hinten, um den Fang zu begutachten. Gut, dass man sich frei auf dem Boot bewegen kann. Bruno hat einen Zackenbarsch am Haken und ruft mit breitem Grinsen: „Mittagessen!"

Mit Henrik am Steuer sieht Segeln ganz einfach aus. Doch es bedarf tatkräftige Unterstützung der Crew und vieler Manöver, wie etwa das Halsen und Wenden, mit denen man die Position des Boots zum Wind korrigiert, um in die vom Skipper vorgegebene Richtung segeln zu können.

Unvermittelt lässt Henrik die Yacht wenden, um tiefer aufs Meer hinauszufahren. Bruno hat in einiger Entfernung die typische Blasfontäne eines Wales ausgemacht. Nur wenig später können auch wir das Spektakel beobachten – ein Anblick, der unsere Herzen höher schlagen lässt! Wir können uns kaum etwas Aufregenderes vorstellen, als solch einem Giganten in seinem natürlichen Lebensraum zu begegnen.

Bruno unterstützt Henrik beim Manövrieren des Schiffes, ^
um es gegen oder mit dem Wind fahren zu lassen

Über einige hundert Meter folgen wir dem ausgewachsenen Buckelwal und erfreuen uns an seinem Anblick, bis es den Goliath in tiefere Gefilde zieht. Der Wal krümmt seinen gewaltigen Rücken, um abzutauchen, und das letzte, das wir von ihm sehen, ist seine majestätische Schwanzflosse, die uns zum Abschied kraftvoll zuwinkt. Wir warten noch geduldig eine Viertelstunde, doch der Wal taucht nicht mehr auf.

So viel Adrenalin an einem einzigen Morgen! Ein Stopp in Sichtweite der Küste von Santa Maria gewährt uns einen herrlichen Blick auf den Strand und die Hotels zur Rechten des Piers. Das Meer ist hier durchsichtig und klar und ohne zu zögern springen wir allesamt in das türkisblaue, erfrischende Nass, um eine Runde zu schwimmen. An einem bestimmten Punkt fordert uns Bruno auf, einmal unter die Wasseroberfläche zu sehen. Zu unserem Erstaunen steht wenige Meter unter uns eine Christusstatue auf dem Meeresboden, mit weit geöffneten Armen. Selbst ohne Taucherbrille oder sonstige Tauchutensilien ist sie im klaren Wasser gut zu sehen.

Zu unserem großen Bedauern neigt sich unser Segeltörn dem Ende zu. Es war ein überaus erfüllendes, großartiges Erlebnis, gekrönt von einer Begegnung mit einem ausgewachsenen Wal in seinem geheimnisvollen, kaum erforschten Element. Für uns ein weiterer unvergesslicher Tag auf Sal.

‹ Henrik, der Skipper nutzt die Seilwinde, um das Segelboot zu wenden

Henrik verabschiedet die Passagiere ^ nach dem spannenden Segeltörn

# Adrenalin pur!

**Wer sportliche Herausforderungen sucht, ist in Sal bedient. Hier gibt es ideale Voraussetzungen für Wassersportarten wie Surfen, Kitesurfen – und noch viel mehr!**

Auf Sal dreht sich alles ums Meer und um den Strand – deshalb kommen die meisten Besucher hierher. Manche bevorzugen es, im sanften Auf und Ab der Wellen in der Bucht von Santa Maria zu schwimmen, wo das kristallklare Wasser in einem fantastischen Türkisgrün leuchtet. Andere suchen den Adrenalin-Kick, den die etwas wilderen Wellen bieten – und die gibt es hier in allen Abstufungen. Anfänger lieben die sanften Wellen im Süden oder die etwas größeren, immer noch sicheren Wellen an der Ostküste, während es erfahrene

‹ Mitu Monteiro begutachtet die Strömungen, bevor er bei Ponta Preta ins Wasser geht

Surfer an die wilde Westküste zieht. Die beiden meistbesuchten Surfspots im Westen sind Monte Leão und die gnadenlose Küste von Ponta Preta. Gerade hier kann es gefährlich werden, wenn die Wellen aus Nordwesten kommen – ein Ort, der absolut nichts für unerfahrene Surfer ist. Hier bedarf es nicht nur sehr viel Erfahrung, sondern auch entsprechender Ortskenntnisse. Als wir durch die Straßen von Santa Maria schlendern, hören wir zufällig zwei Surfer über Ponta Preta sprechen. Dass es dort besonders beeindruckende Brecher gebe und alle guten Surfer dorthin gingen – es

^ Rafael, einer der Surfer bei Ponta Preta, dem berühmt-berüchtigten Strand der Insel, der nur etwas für sehr erfahrene Surfer ist

sei einfach spektakulär. Wir wissen, wovon sie reden, denn wir waren schon dort und haben mit eigenen Augen gesehen, wie die gewaltigen Wellen ein paar Meter vor der Küste brechen, weshalb man dort als Beobachter ganz nah an der Action dran ist, das Adrenalin förmlich spürt und tolle Fotos machen kann.

Als wir in Ponta Preta ankommen, sind schon ein paar Surfer im Wasser und die Wellen wie immer gewaltig und kraftvoll. Eine Gruppe von Menschen ist noch am

Strand, inklusive einiger Surfer, die ehrfürchtig zuschauen, weil sie wohl noch nicht gut genug Erfahrung haben, diese Brecher selbst zu reiten. Im Wind sehen die Wellen mit ihren runden Konturen aus wie Gebilde aus Glas, auf denen die Surfer dahingleiten. Ein paar Minuten später kommt ein erfahrener Surfer mit einem zerbrochenen Board aus dem Meer, was noch einmal zeigt, dass dieser Ort wirklich wild und gefährlich ist.

Wir sind so gefangen von der Szenerie und fotografieren voller Begeisterung den intimen Tanz der Surfer mit den Elementen, dass wir alles um uns her vergessen. Ein Murmeln und Raunen unter den Zuschauern lässt uns aufmerken. Mitu Monteiro ist mit seinem Surfboard am Strand aufgetaucht. Der mehrfache Kitesurf-Weltmeister ist hier zu Hause und wenn man ihn fragt, was sein Lieblings-Ort zum Surfen sei, antwortet er: „Ponta Preta, weil die Wellen perfekt sind, die Wellentunnel, die Atmosphäre im Wasser ... alles ist hier einzigartig!" Der Champion begrüßt alle Anwesenden freundlich auf seine gewohnt relaxte Art, bevor er sich dem Meer zuwendet, still wird und sich offenbar konzentriert. Er kennt diese Gewässer wie seine eigene Westentasche und gerade deshalb hat er großen Respekt vor ihrer unbändigen Kraft und ihren unberechenbaren Tücken. Er beobachtet den Wellengang, sucht einen passenden Moment und geht nach etwa zehn Minuten ins Wasser. Geduld und perfektes Timing sind das Geheimrezept des Champions. Das Gespür zu haben, in welchem Moment man die Welle besteigt oder durch die Brandung gleitet. In der gesamten Brandungszone gibt es hier zahlreiche schwarze Felsenhöcker, die dem Ort nicht nur ihren Namen verliehen haben - „Ponta Preta" bedeutet „schwarze Landzunge" -, sondern auch für viele Verletzungen unachtsamer Surfer verantwortlich sind.

Mitu surft einen perfekten Tube ›

Wenn man die erfahrenen Surfer hier mit den Elementen spielen sieht, wirkt alles beeindruckend leicht und elegant, als ob man einem Maler dabei zusähe, wie er eine leere Leinwand mit flinken Pinselstrichen in ein Kunstwerk verwandelt. Da kann man leicht vergessen, dass dieser Ort ausnahmslos für echte Profis gemacht ist.

Selbst renommierte Champions aus dem Ausland zieht es hierher. Der eine oder andere entscheidet sich sogar zu bleiben und hier zu leben, wie z.B. der bekannte Surfer und Windsurfer Josh Angulo, Gold-Gewinner in der „Wave World Championship", der im Jahr 2004 Sal zu seiner Wahlheimat machte. Dem Pionier des Surfens und Windsurfens auf Kap Verde gelang es Jahre später noch einmal, die Goldmedaille im Wave World Cup zu gewinnen, bevor er sich 2010 dem Slalom-Windsurfen zuwandte und auch in dieser Disziplin mehrere Medaillen gewann. Bezeichnend ist, dass Josh, in Kalifornien geboren und auf Hawaii aufgewachsen, den Surfer-Paradiesen schlechthin, dennoch die größte Herausforderung und Genugtuung auf Sal findet.

^ Profis präsentieren in Ponta Preta all ihr Können wie z.B. elegante Wendemanöver (carve) auf dem Wellenbug (peak)

Kein Windsurfer weltweit wird mit einem Ort so eng in Verbindung gebracht wie Josh mit Ponta Preta. Neben seiner Frau Claudia, einer Kapverdierin und dem entspannten Lifestyle auf den Kapverden war Ponta Preta für Josh der Hauptgrund, auf Sal sesshaft zu werden. Sein Verhältnis zu der Rechtswelle – eine mit Blickrichtung zum Strand von links nach rechts brechende Welle –, die er als die weltweit anspruchsvollste bezeichnet, geht weit über die Bezeichnung Lieblings-Spot hinaus. Für Josh ist diese Welle lebendig, seine Beziehung zu ihr ist intim, beinahe mystisch. Auch wenn Josh heute wieder in den USA lebt, hat er immer noch eine enge Verbindung zur Insel und betreibt ein Windsurf-Center in Santa Maria.

In Ponta Preta sieht man neben den zahlreichen klassischen Surfern auch den ein oder anderen Kite- oder Windsurfer. Dabei beachten alle die strengen Surf-Regeln und respektieren es, wenn jemand Vorrang hat. Wer sich am nächsten zum Scheitel der Welle befindet, hat das Vorrecht, sie zu reiten, und keinem anderen Surfer ist es erlaubt, ihm dazwischen zukommen. Das ist eine eiserne Regel, die den Surfern ein gutes Verhältnis zueinander bewahrt. Und die zudem vermeiden hilft, dass gefährliche Zusammenstöße stattfinden.

Uns wird es keineswegs langweilig dabei, stundenlang die spektakulären Manöver, Sprünge und Salti der Meister ihres Fachs zu bewundern. Alles was uns beim Anschauen des Surfer-Films *The Endless Summer* so sehr fasziniert hat, können wir hier hautnah und ungeschnitten eins zu eins miterleben. Selbst wenn man zu diesem Sport bisher keine Affinität verspürt hat, fühlt man sich inspiriert, wenn man die Leichtigkeit und Freude dieser Profis beim Ausüben ihres Sports sieht, es selbst einmal zu versuchen. Ein ganz ungewöhnlicher Surfer zieht unsere Aufmerksamkeit auf sich: Osvaldo Lizardo, den hier alle nur Vává nennen. Er stammt aus Santo Antão, lebt aber derzeit auf Sal. Vává wurde mit einer Behinderung geboren und kann sein rechtes Bein nicht gebrauchen. Wer kommt schon auf die Idee, mit nur einem Bein zu surfen? Jemand, der seinen Träumen folgt! Vává hat sich von seiner körperlichen Behinde-

rung nicht von seinem Wunschtraum abbringen lassen – er liebt das Surfen und steht den besten Wellenreitern in Ponta Preta in nichts nach. Er wird von allen respektiert und als Vorbild angesehen. Wir wünschen ihm, dass er sich schon bald einen weiteren Traum erfüllen kann: Vává möchte liebend gern durch die berühmten Pipelines auf Hawaii surfen. Bei seiner Entschlossenheit und seinem Durchhaltevermögen sehen wir ihn in unserer Vorstellung bereits durch den Wellentunnel gleiten.



Osvaldo Lizardo, besser bekannt als Vává, folgt trotz Behinderung seinem Traum vom Surfen ›

BAZOF
FADIGADICHE TEAM BAZOF
LATITUDE

## Eine Begegnung mit dem Weltmeister

Es gibt wohl keinen besseren Ort, dem Kitesurf-Weltmeister Mitu Monteiro zu begegnen, als der Strand, an dem er aufgewachsen ist. Der Strand von Santa Maria ist inzwischen zu seinem Arbeitsplatz geworden und hier verbringt er den Großteil seiner Zeit. Begeistert erzählt er uns seine Geschichte und wie es dazu kam, dass er seine Leidenschaft zum Beruf gemacht hat.

Wie die meisten Kinder auf Kap Verde wurde er schon früh magisch vom Meer angezogen. Schon mit sechs Jahren rannte er täglich zum Strand, wenn die Fischer von ihrer Fahrt nach Hause kamen. Mit sieben Jahren fischte er bereits mit einem Stock nach Oktopussen und mit acht sah er zum ersten Mal ein Bodyboard, die verkürzte Form des Surfbretts. Es gehörte einem südafrikanischen Piloten, der regelmäßig auf Sal Station machte. Mitu war so fasziniert davon, dass er sein erstes eigenes Bodyboard baute – aus einem großen Reis-Sack, gefüllt mit Ölflaschen, die ihm den nötigen Auftrieb verliehen! Später fand er auf dem Müll ein echtes Board und lernte damit umzugehen, noch bevor er schwimmen konnte. Er muss damals acht oder neun Jahre alt gewesen sein und seine Mutter wollte ihn nicht aufs Meer lassen, so dass er immer wieder heimlich ausbüxte, um zu trainieren. Mitus Leidenschaft für die See war so groß, dass er immer einen Weg oder eine Ausrede fand.

Ab dem Jahr 2000 begann er Wassersport, einschließlich Kitesurfing, ernsthaft zu betreiben und an Wettbewerben teilzunehmen. „Die Leute um mich herum versicherten mir immer wieder, dass ich Talent habe",

**„der Weltmeistertitel war ein Wendepunkt in meinem Leben"**

sagt er, „und meine ersten Erfolge bestätigten mir, dass ich auf dem richtigen Weg war. Leider war die Teilnahme an den Wettbewerben kostspielig, und so arbeitete ich stets den ganzen Winter lang hart, um das Geld für die Wettbewerbe im Sommer zu verdienen. Als sich die Erfolge regelmäßiger einstellten, fand ich erste Sponsoren und meine Karriere nahm Fahrt auf, auch wenn die Preisgelder bei den Wettbewerben recht bescheiden ausfielen."

Im Jahr 2008 gewann Mitu dann die Kitesurfing-Weltmeisterschaft in Essaouira in Marokko – ein ganz besonderer Moment in seiner Sportlerlaufbahn, an den er sich immer wieder gern erinnert, zumal ihn die Marokkaner unterstützten, weil er wie sie Afrikaner war. „Die Stimmung war großartig", erinnert er sich. „Der Sieg war ein Wendepunkt in meinem Leben. Ich begriff, dass der Weltmeistertitel wirklich etwas bedeutet. Und ich werde nie vergessen, wie ich bei meiner Rückkehr auf die Kapverden

‹ Der legendäre Kitesurfer Mitu Monteiro

gefeiert wurde. Da waren so viele Menschen, die mich am Flughafen erwarteten und meinen Namen skandierten. Alle waren mit mir stolz darauf, dass ich den Titel für unser Land geholt hatte. Mindestens einen Monat lang war ich jeden Abend woanders zum Essen eingeladen."

Es ist seine weitreichende Erfahrung im Wellenreiten - Surfen, Windsurfen und Kitesurfen -, die es ihm ermöglichte, zum Pionier und Meister des *Strapless* Kitesurfing zu werden, einer neuen Sportart, die eine Kombination aus Wellenreiten und Kitesurfen ist. Es ist eine wahre Freude, ihm bei all seinen Freestyle-Tricks auf dem Board zuzusehen.

## Mit dem Kite um die Kapverden

Trotz der vielen Preise, die er bereits in verschiedenen Disziplinen gewonnen hat, stellt sich Mitu stets neuen Herausforderungen. Jüngst wurde er von den Vertretern einer bekannten Marke gefragt, ob er es für möglich hielte, alle zehn kapverdischen Inseln mit dem Kite zu umrunden. Niemand zuvor hatte das je in Erwägung gezogen, aber alle Insider waren sich einig, dass nur jemand wie Mitu so eine Tat vollbringen könne.

Mitu war klar, dass dies aufgrund der starken Winde und Strömungen rund um die Kapverden eine echte Herausforderung war, doch die Vorstellung ließ ihn nicht los und er wollte es aus zweierlei Gründen wagen: Zum einen bot sich so die Gelegenheit, all die schönen Inseln seines Landes zu besuchen, und zum anderen war dies eine einmalige Chance, für die Kapverden und das Kitesurfen auf den Inseln zu werben. Zumal es hier überall tolle Strände für den beliebten Wassersport gibt, die im Ausland nahezu unbekannt sind. Mitu tat also alles menschenmögliche, um dieses Ziel zu erreichen - und er schaffte es tatsächlich, trotz aller Umstände und Schwierigkeiten.

In seiner Wahlheimat Santa Maria betreibt Mitu heute seine eigene Kitesurfing-Schule, zusammen mit Djo, einem weiteren nationalen Surf-Champion. Manchmal leitet er auch Workshops in Übersee wie etwa in Brasilien, wohin er regelmäßig zu Downwind-Überquerungen eingeladen wird und bei Filmdokumentationen mitwirkt. Besonders gern erinnert er sich an Madagaskar, wo er in der Dokumentation über Lavanono mitgewirkt hat. Dieser Ort ist so abgelegen, dass das Team fünf Tage brauchte, um dort anzukommen, doch er ist bis heute froh, daran teilgenommen

Ein spektakulärer Sprung eines Kitesufers an der Kite Beach ›

und alle Schwierigkeiten gemeistert zu haben. Denn er lernte dort eine Natur kennen, die atemberaubend schön ist. Er ist dankbar dafür, dass ihm sein Sport ermöglicht hat, um die Welt zu reisen und andere Länder und Surf-Spots kennenzulernen. „So erfährt man jede Menge über andere Orte, andere Menschen und Kulturen", sagt er.

Mitu hat eine Frau und Kinder, die ihm sehr wichtig sind und für die er so oft wie möglich daheim sein möchte. Wenn er also nicht gerade auf Reisen oder in



^ Ein weiterer spektakulärer Sprung eines *Strapless* Kitesurfers in Ponta Preta

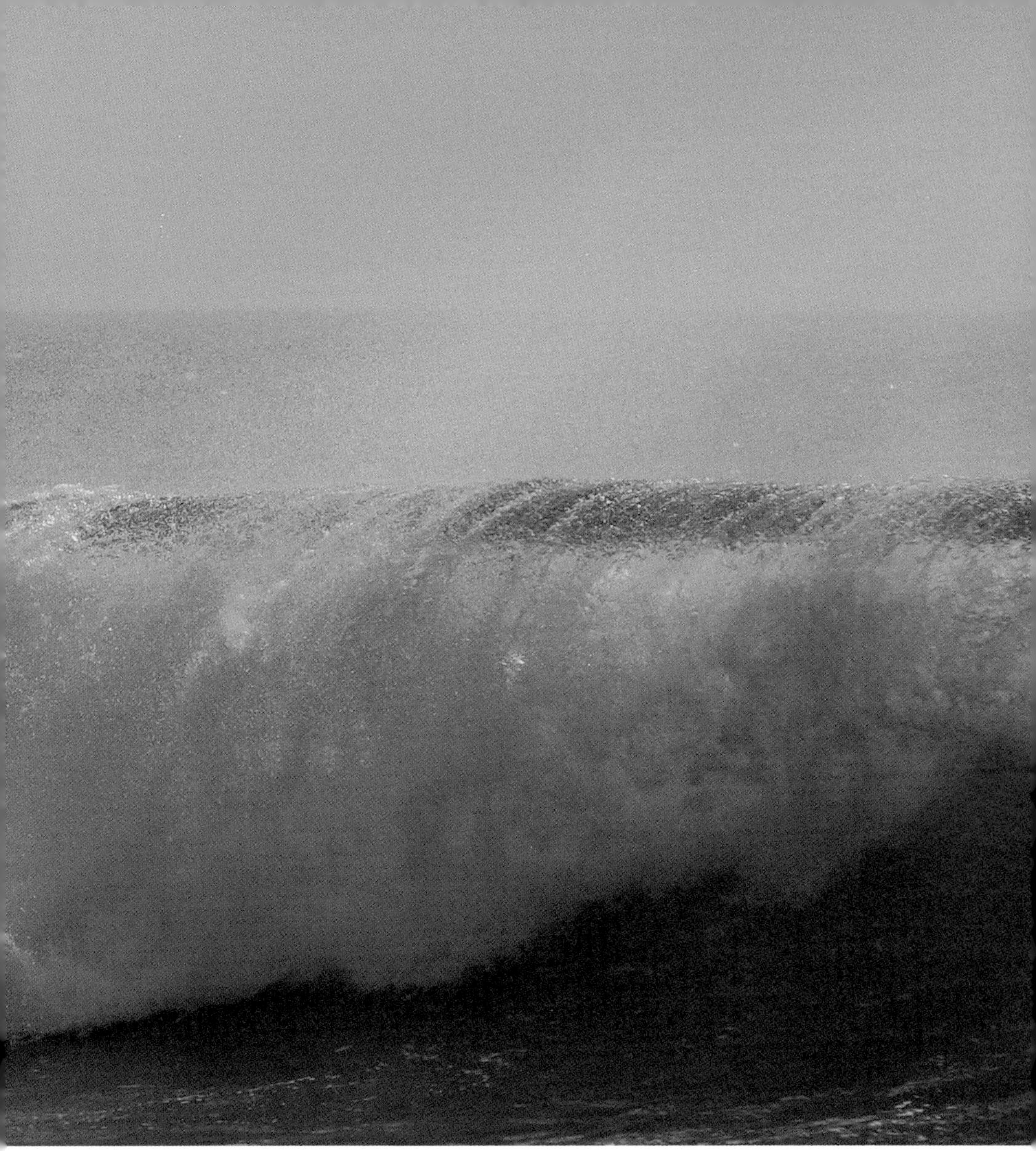

seiner Schule ist, versucht er seinem Sohn sein Wissen über Surfen und Kitesurfen zu vermitteln. „Ich möchte ihm alles beibringen, was ich kann, und ich möchte die Zeit haben, mit ihm zu spielen. Erst seit ich selbst Vater bin, verstehe ich die damaligen Sorgen meiner Mutter. Sie spielt eine zentrale Rolle in meinem Leben. Sie hat mir sogar geholfen, mein erstes Board zu kaufen, trotz aller Umstände. Ich verdanke ihr alles, was ich erreicht habe, alles, was ich bin."

Doch Mitu unterrichtet nicht nur seinen Sohn. Zu gut erinnert er sich daran, dass es in seiner Kindheit kaum Lehrer gab, von denen er hätte lernen können – und die wenigen, die es gab, waren unerschwinglich teuer. Grund genug für ihn, heute Kinder zu unterrichten, die es sich nicht leisten können, für ihre Ausbildung zu bezahlen. Er vertritt den Standpunkt, dass der freie Zugang zu diesem Sport für alle möglich sein sollte. Der Weltmeister ist ein höchst sympathischer und zugänglicher Mann. Man trifft ihn auf Sal überall dort, wo es gute Wellen gibt, oder bei der Arbeit



^ Die Cuba Libre beobachtet die Kitesurfer aus der Ferne, die hier nach der perfekten Welle suchen

in seiner Schule. Er liebt seine Heimatinsel und ist davon überzeugt, dass sie ein großartiger Ort für alle Wassersportarten und vor allem für das Kitesurfen ist. „Es gibt keinen zweiten Ort mit so hervorragenden Bedingungen“, sagt er und rät allen Besuchern, ausreichend Zeit mitzubringen, um auch die Menschen hier kennenzulernen. „Wenn Wassersport dein Ding ist oder du es einfach mal ausprobieren möchtest, bist du hier in besten Händen.“

# Fliege wie ein Vogel, kite wie ein Profi

In der Kitesurfing-Schule geht es entspannt zu. Als wir am Strand eintreffen, schweben bereits Dutzende Drachen in der Luft und noch mehr liegen am Boden bereit. Die Schüler, die gerade nicht üben oder auf ihren Unterricht warten, chillen an der Strandbar und erfreuen sich am Ausblick auf das Meer und dem Treiben der Kite-Surfer am

Himmel. Ein Kleinbus voller gut gebräunter Kitesurfer trifft ein. Sie sind keine gewöhnlichen Urlauber, sondern sind nach Kap Verde gekommen, um ihre Surf-Fähigkeiten zu verbessern. Die Schule hier haben sie nicht zufällig gewählt – sie wollen von Mitu oder Djo unterrichtet werden, den Leitern der Schule und ihres Zeichens internationale bzw. nationale Champions. Beide sind in ihrem Verhalten ausgesprochen umgänglich und zuvorkommend. Es fällt ihnen auf natürliche Weise leicht, jedem das Gefühl zu vermitteln, hier willkommen zu sein. Dabei spielt es keine Rolle, ob man – wie wir – Anfänger ist oder bereits ein erfahrener Kitesurfer, der seine Technik verbessern oder unter Mitus Aufsicht die *strapless* Version des Kitesurfens erlernen will, die, wie es heißt, noch mehr Spaß machen soll.



^ Die Kites an der Kite Beach wirken wie die bunte Palette eines Malers

Voller Faszination beobachte ich die Vielzahl der bunten Drachen am Himmel, doch als ich dann selbst an der Reihe bin, meinen Hüft-Gurt angelegt habe und den Zug der Leinen meines Baby-Kites spüre, konzentriere ich mich ganz auf das, was nun kommen wird. Ich folge den Anleitungen meines Lehrers Djamy und behalte meinen Drachen im Auge, der über mir am Himmel schwebt. Dabei spüre ich jeden Windstoß und jede Bewegung, die am Drachen zurrt. Am Anfang geht es darum zu lernen, wie man den Drachen mit dem Bar - dem Griff - und den Leinen kontrolliert. Djamy schärft mir immer wieder ein, dass es nicht um Kraft geht, da es aussichtslos ist, gegen den Wind zu kämpfen, und man sein Kite nicht durch Ziehen unter Kontrolle bringen kann. Ich muss lernen, dem Wind zu folgen und die Leinen ganz sanft steuern.

## Von den Meistern lernen

In der ersten Stunde dreht sich alles um das Lenken des Kites - wie man es willentlich von 12 Uhr auf 13 Uhr dreht, hin und zurück. Bei dieser Lektion ist noch nicht daran zu denken, ins Wasser zu gehen, aber ich bin dennoch stolz auf meine ersten Fortschritte. Während wir unsere Drachen zusammenfalten, beobachten wir die anderen Kitesurfer. Leute eines jeden Alters sind vertreten. Die jüngste Teilnehmerin ist ein zwölfjähriges Mädchen aus Frankreich und der älteste ein Rentner von fast achtzig. Viele sind hier am Strand damit beschäftigt, die ersten Schritte zu lernen, was auch

das Vorbereiten der Leinen und das Starten des Kites einschließt, um dann auf See die anspruchsvolleren Details zu trainieren. Alle wirken vollkommen konzentriert und scheinen nur ihr Kite, den Wind und das Meer im Kopf zu haben.

Am Strand wird jeder einzelne Kite von den Lehrern und Schülern genau kontrolliert, bevor sie in die Luft gehen

Am folgenden Tag zeigt mir Djamy, der nun überzeugt ist, dass ich mein Kite unter Kontrolle habe, wie man damit ins Meer geht. Und das bedeutet zunächst, sich vom Drachen durchs Wasser ziehen zu lassen – erst mal ganz ohne Board. Dabei dreht sich alles darum, sich mit oder gegen den Wind zu bewegen, eine wichtige Übung, bei der man zum Beispiel lernt, ein verlorenes Brett auch dann im Wasser wiederzufinden, wenn es gegen den Wind abgedriftet ist.

Nach dieser spannenden zweiten Stunde, in der wir beide von den Wellen des Meeres herumgeschubst wurden und viel Salzwasser kosten durften, sind wir erschöpft, aber auch glücklich, weil wir die ersten Schritte in Richtung Kitesurfen gegangen sind. Wir freuen uns schon auf die nächste Lektion, in der es dann tatsächlich darum geht, auf dem Board zu stehen und sich vom Drachen über das Meer ziehen zu lassen.

Endlich ist der große Tag gekommen! Zum Aufwärmen gehen wir noch einmal alle Schritte durch, bereiten den Drachen vor, üben das Lenken und lassen uns vom Kite durch das Wasser ziehen. Dann lernen wir endlich, das alles zusammenzufügen, während wir auf dem Board stehen – was natürlich mit zahllosen Versuchen und Fehlschlägen einhergeht. Was hier auf Sal nicht so schlimm ist, weil man hier ins warme Meer stürzt. Wenn es ums Erlernen des Kitesurfens geht, sollte man sich selbst genug Zeit geben und ein paar Stunden bei den Profis buchen. Und das macht hier auf Sal besonders viel Spaß!

Was Kap Verde zum wahren Paradies für Kitesurfer macht, ist die Tatsache, dass hier alle idealen Bedingungen gegeben sind: angenehme Luft- und Wassertemperaturen sowie ein konstanter Wind während der ganzen Saison von November bis Juni. Und die komplette Ausrüstung kann man in den Surf-Schulen in Santa Maria ausleihen.

Djamy zeigt uns, wie man den Drachen beim Bodydrag, richtig kontrolliert. Die Lehrer hier sind alle sehr professionell und haben stets ein wachsames Auge auf uns ^

# Unterwegs mit Buggy und Quad

Für alle, die lieber einen Motor unter ihrem Hintern haben, gibt es hier ebenfalls zahlreiche Alternativen. Im Wasser bieten sich Aqua-Scooter oder Jet-Skis an, die

man überall mieten kann. Und an Land bieten sich Buggies oder Quads an, wobei man wissen sollte, dass auf der gesamten Insel die motorisierte Fortbewegung auf dem Strand grundsätzlich verboten ist. Eine sinnvolle Regelung, die zwar nicht überall strikt von der Polizei verfolgt wird, aber wir raten dennoch dazu, generell auf das Fahren in den Dünen oder am Strand zu verzichten. Denn neben all dem Lärm und der Luftverschmutzung gefährden die Fahrzeuge die empfindliche Küstenvegetation, die es hier schon von Natur aus in der trockenen Landschaft schwer genug hat.

Außerdem gefährdet das Fahren am Strand die seltenen Meeresschildkröten, die hier an vielen Orten ihre Eier ablegen. Ihre Nester sind nahezu unsichtbar, weil sie unter dem Sand liegen, und ihre Eier sind sehr zerbrechlich. Selbst unbedachte Spaziergänger könnten ein komplettes Nest vernichten. Nicht vorzustellen, was schwere Vehikel da anrichten können! Dasselbe gilt natürlich für all die kleinen Jungschildkröten, deren Weg vom Nest über den Strand ins Meer ohnehin gefährlich genug ist – allein die Vorstellung, dass sie hier massenhaft von Quads überfahren werden könnten, bricht uns das Herz.



^ An der Kite Beach kann man abseits der Dünen auch Buggy fahren

Die Insel bietet genug legale Möglichkeiten, nach Herzenslust Quad oder Buggy zu fahren, nicht nur auf regulären Straßen und Pisten, sondern auch auf vielen staubigen Feldwegen. Ein solcher Weg führt zum Beispiel zur Costa da Fragata und wird in Richtung Küste immer sandiger. Man kann hier in gebührendem Abstand parken und dann zu Fuß zum Strand gehen, um all die Kitesurfer zu bewundern. Auch der Weg zum Monte Leão ist raues Terrain und bietet einen grandiosen Ausblick übers Meer. Bei Ponta Preta gibt es einen tollen Weg entlang der Küste, der sowohl von Pferden als auch von Quads genutzt wird. Wenn Sie die brechenden Wellen hören wollen, bieten die natürlichen Pferdestärken natürlich einen großen Vorteil gegenüber den motorisierten PS.

Ausser den Hauptverbindungsstrassen von Santa Maria nach Espargos, sowie die Strasse von Espargos nach Pedra de Lume, gibt es nicht wirklich viele gut geteerte Straßen. Doch alle anderen Wege erinnern mehr an Offroad-Pisten als an befestigte Highways und sind je nach Wind mehr oder weniger sandig. Bei so vielen Möglichkeiten abseits der Dünen und Strände zu fahren, lohnt es sich wirklich nicht,

ein Bußgeld zu riskieren oder die seltenen Meeresschildkröten zu gefährden, egal, ob sie nun mit dem Buggy, Quad, Scooter, Motorrad oder Geländewagen unterwegs sind.

Mit dem Motorrad übers Gelände nach Ponta Preta ^

# Wunderbare Unterwasserwelt

Auch wenn die Kapverden bislang kaum fürs Tauchen bekannt sind, bietet die Unterwasserwelt um Sal einige Schätze, wie unterseeische Höhlen, alte Schiffswracks und sogar ein paar faszinierende Korallenriffe, an.

Auf der Insel gibt es 25 Tauchstandorte, die man das ganze Jahr hindurch besuchen kann, obschon die Sichtweite zwischen April und November mit bis zu 40 Metern besser ist. Ein paar Agenturen bieten Tauchgänge für jedermann an und Anfänger können bei ihnen auch einen PADI-Kurs buchen.

Wir beginnen mit einem Tauchgang in flachen Gewässern. Auf einem unterseeischen Grat liegt die *Tchuklasa*, ein flaches Tauchgebiet, auf dem sich ganze Schulen von Doktorfischen, Meerbarben und Papageifischen tummeln. Der Kontrast zwischen der hellblauen See und den bunten Farben um uns herum ist atemberaubend. Im vulkanischen Untergrund verbergen sich Höhlen, Felsspalten und Steinbögen, in denen Muränen und Mantas leben. Um diese Arten zu Gesicht zu bekommen, besuchen wir die Buracona, eine besondere Höhle im Norden der Insel. Die Höhle hat zwei Eingänge, einen in 22 Meter Tiefe, durch den wir zum anderen Eingang an der Küste hochtauchen. An der Oberfläche schauen wir in die verblüfften Gesichter einiger Touristen, die die Höhle von Land aus erkunden. Angeblich hätten portugiesische Soldaten hier eine ganze Menge Munition, vor ihrem Abzug entsorgt. Wenn die Sonne in die schwarze Basalthöhle hineinstrahlt, lassen die Lichtstrahlen die Höhle in einem strahlenden Blau erleuchten.

Unser letzter Tauchgang gilt einem Schiffswrack: Der Trawler Santo Antão verrottet auf 11 Metern Tiefe und ist zum Lebensraum zahlloser Nacktkiemer geworden, die wiederum viele Fische wie etwa Zackenbarsche anlocken. Hier sehen wir auch zum ersten Mal Stachelrochen und ausgewachsene Meeresschildkröten.

Tiefseetauchen bietet weitere fantastische Möglichkeiten wie etwa in Cavala, wo Gerätetaucher auf eine Tiefe von mehr als 40 Metern hinuntergehen. Erfahrene Taucher haben uns dieses Gebiet wärmstens empfohlen. In der Walsaison kann man hier unter Wasser die wunderbaren und zugleich geheimnisvollen Gesänge der Buckelwale hören – eine unvergleichliche Erfahrung.

Schiffswrack; Ein Schwarm von bunten Guinea-Grunzern; Meeresschildkröte; Christusstatue am Meeresgrund bei Santa Maria ›

POSEIDON

# Geheimtipps rund um die Insel

**Lassen Sie sich nicht vom süßen Strandleben einlullen – machen Sie einen Trip um die Insel, um ihre verborgenen Schätze zu entdecken.**

Es gibt viel Sehenswertes, auch außerhalb von Santa Maria! Per *Aluguer*, einem Toyota HiAce, dem 9-sitzigen Kleintransporter, einem Taxi oder einem anderen Transportmittel wie Leihwagen, Roller oder Quad lassen sich die geheimen Juwelen von Sal problemlos erkunden. Wir werden immer wieder aufs Neue überrascht, was es auf dieser kleinen Insel alles zu bewundern gibt!

Ein Freund stellt uns netterweise sein Motorrad zur Verfügung, so dass wir die Insel auf die von uns bevorzugte Art und

‹ Die Buracona ist ein natürliches Becken, das das Meer in den Fels gehauen hat

Weise entdecken können. Mit dem Zweirad erreichen wir problemlos die entlegensten Winkel des Eilands und kommen zudem in den Genuss des kühlenden Fahrtwindes. Leider gibt es auf Sal keinen Motorrad-Verleih, aber dafür jede Menge Roller,

Quads und Autos, die man für ein paar Stunden oder tageweise mieten kann. Bei mehrtägiger Anmietung kann man selbstverständlich über einen günstigeren Preis verhandeln.

Eine Straßenkarte braucht man hier nicht, denn auf Sal gibt es nur eine Hauptstraße, die von Süden nach Norden führt - ansonsten kann man sich überall am Küstenverlauf orientieren. Von Santa Maria aus fahren wir zunächst nach Espargos, wo wir in der Nähe des zentralen Platzes in einem kleinen Restaurant zu Mittag essen, um dann frisch gestärkt die Buracona aufzusuchen.

Hinter Palmeira wird aus der asphaltierten Straße übergangslos ein holpriger Geländeweg, dem wir ein paar Kilometer der Küste entlang folgen, bis wir in der Ferne ein Gebäude sehen. Es entpuppt sich als ein Restaurant, das verlassen wirkt - doch wir wissen, dass wir am Ziel sind. Die Buracona ist ein natürlicher Pool, den die Wellen über die Jahrhunderte aus dem Fels gespült haben und den die Gezeiten



^ Am Wochenende und in den Ferien kann es an der Buracona voll sein, doch meist ist man hier allein

auch heute mit Wasser füllen. Sein Boden besteht aus Basaltstein und das Wasser ist, anders als das Meer in Santa Maria, hier recht kühl. An einem heißen Tag wie diesem eine willkommene Erfrischung und eine angenehm entspannte Erfahrung, in dem türkisblauen Wasser dieses natürlichen Beckens zu schwimmen.

Ein paar Meter von der Buracona entfernt gibt es ein weiteres Juwel der Insel zu entdecken, das man allerdings an einem sonnigen Tag zur Mittagszeit besuchen muss, um es in seiner vollen Schönheit zu sehen. Das Olho Azul - das „blaue Auge" - ist eine dunkle Höhle, die zur Hälfte mit Meereswasser gefüllt ist, das aus unterirdischen Einlässen in sie hineinfließt. Gegen Mittag wird sie vom Sonnenlicht beschienen und für die Dauer weniger Minuten erstrahlt die Höhle in all ihrer Pracht und gibt ihr Geheimnis preis: Das schwarze Loch verwandelt sich für Augenblicke in einen aquamarinblauen Pool, um sich wenig später mit dem Schwinden des Sonnenlichts wieder zu verfinstern.

Es geht das Gerücht, dass das portugiesische Militär seine Munition in den überfluteten Höhlen um die Buracona entsorgt habe, bevor sie Kap Verde verließen. Wir haben nichts dergleichen entdecken können, aber es kann durchaus sein, dass sich in den Höhlen alte Waffen und andere Überbleibsel aus der Kolonialzeit verbergen.

Unsere Fahrt führt uns weiter Richtung Süden die Küste entlang bis zu dem kleinen Dorf Palmeira. Um eine geschützte Bucht herum ist einst die älteste Siedlung der Insel entstanden. Sie wurde im Jahr 1542 mit nur rund hundert Einwohnern gegründet. Vor allem waren es Fischer und Schäfer, die hier unter schwierigen Verhältnissen

Das Olho Azul ist ein weiteres natürliches Becken, das zu einer bestimmten Tageszeit blau leuchtet ^

^ In Pedra de Lume wird immer noch Salz abgebaut, aber nur noch in kleinen Mengen für den lokalen Bedarf

lebten, weil der Insel etwas Lebenswichtiges fehlte: Trinkwasser. Das Stadtbild Palmeiras ist wenig attraktiv. Es wird geprägt durch die Werft- und Hafenanlagen sowie durch große Öltanks und Lagerhallen. Ein Ort, der trotz einiger Restaurants und Souvenirläden kaum Touristen anzieht. Über den Hafen, den größten auf Sal, gelangen die Waren und Güter auf die Insel, insbesondere auch das Kerosin für die Fluggesellschaften. Vom Hafen legen die Fähren nach Santiago und São Nicolau ab. Auf den meisten Inseln ist der Fährverkehr recht zuverlässig, auch wenn man manchmal aufgrund von rauer See bis zu ein paar Tage lang auf die Überfahrt warten muss. Auf jeden Fall sollte man sich vor der Überfahrt nach Santiago oder São Nicolau mit Pillen gegen Seekrankheit eindecken. Selbst wenn man nicht seekrank wird, kann einem vom Erbrochenen der weniger hartgesottenen Passagiere schlecht werden. Idealerweise verbringt man die Zeit während der Überfahrt an Deck. Es empfiehlt sich, einen Schlafsack für kalte Nächte mitzubringen.

## Salz im Krater eines erloschenen Vulkans

Wir lassen Palmeira hinter uns und fahren in Richtung Osten, um eines der beliebtesten Touristenziele der Insel zu besuchen: Pedra de Lume. Südlich des Ortes befindet sich die langgezogene Baía da Parda, an deren nördlichem Ende sich eine geschützte kleine Bucht anschließt. Dort befindet sich der beschauliche Hafen, um den herum sich der Ort entwickelt hat. Die Küste ist überwiegend felsig. Am Südrand des Ortes liegt ein kleines Stück Sandstrand, der jedoch qualitativ hinter den feinen, weiten Stränden der Südküste zurückbleibt. Pedra de Lume ist von allen Orten auf Sal der mit der reichhaltigsten Geschichte. Lange Jahre war das Interesse an der wüstenhaften Insel äußerst gering. Erst der lukrative Salzabbau aus der natürlichen Saline brachte die Wende. In dem rund 900 Meter breiten, mit Wasser gefüllten Vulkankrater hat sich tonnenweise Salz abgesetzt. Hier befindet sich Sals tiefster Punkt, da der Krater unterhalb des Meeresspiegels liegt, was auch erklärt, wie sich die Salzseen gebildet haben: durch einsickerndes Meerwasser.

Um besser an das Salz heranzukommen und es leichter abbauen zu können, hat man sich einiges einfallen lassen:

‹ Baden in Pedra de Lume ist überaus beliebt, weil einen der hohe Salzgehalt im Wasser schweben lässt

Einen Tunnel, eine Schienenbahn und eine Seilbahn, deren Plattform heute noch steht. Das war um das Jahr 1800 herum, als Pedra de Lume besiedelt wurde und sich hier alles um den Salzabbau drehte. Im 19. Jahrhundert war Salz das mit Abstand wichtigste Exportgut der Kapverden.

Ein Besuch des Kraters gewährt aber nicht nur einen Blick auf die alte Technik, die schon lange außer Dienst gestellt wurde, sondern auch auf die eigentlichen Salzseen. Nachdem wir den Eintritt bezahlt haben, geht es durch den alten Transporttunnel zu der eigentlichen Hauptattraktion. Anders als in früheren Zeiten ziehen die Leute heute am Ende des Tunnels ihre Kleider aus und springen im Bikini oder in Badehosen in das Salzwasser hinein. Das ist eine ganz besondere Erfahrung, weil man buchstäblich im Wasser schwebt. Der hohe Salzgehalt erzeugt einen Auftrieb, durch den selbst Nichtschwimmer an der Oberfläche bleiben. Schwimmen ist in der dicken Brühe allerdings kaum möglich. Inzwischen hat man die medizinischen Vorzüge des Salzwassers erkannt und plant, ein Spa inmitten des Kraters zu errichten. Hoffentlich wird dabei die natürliche Schönheit dieses Ortes bewahrt.

Bevor wir die Salzpfannen verlassen, erklimmen wir den Kraterrand, um einen besseren Blick auf den Ort zu erhaschen. Das dauert nur ein paar Minuten und da der Wachmann uns nicht gleich am Eingang hochklettern lässt, nehmen wir wenige Meter weiter rechts vom Eingang den offiziellen Pfad, der nach oben führt. Der Aufstieg dauert etwa 15 Minuten, doch für den herrlichen Ausblick lohnt er sich auf alle Fälle.


^ Die Kapelle bei Pedra de Lume diente auch als Leuchtturm

Auf unserem Weg zurück machen wir bei der Kapelle halt, die einst auch als Leuchtturm herhalten musste. Heute dient sie nur noch religiösen Zwecken. Unten am Meer finden sich noch Überreste des Hafens, in dem das auf der Insel produzierte Salz verschifft wurde. Hier gibt es auch ein kleines Restaurant, aus dem der verführerische Duft von gegrilltem Fisch dringt. Gebratene Muräne, eine Spezialität der Kapverden. Der Ausflug hat uns hungrig gemacht und so gönnen wir uns einen Snack. Als uns der freundliche Kellner fragt, ob wir lieber gebratene Muräne oder gegrillte Languste möchten, fällt es uns schwer, eine Entscheidung zu treffen. Also nehmen wir beides, zuerst die frisch zubereitete Muräne. Der aalartige Fisch wird in Scheiben geschnitten und hat zum Ende hin sehr viele Gräten, die uns mahnen, langsam zu essen und uns in Geduld zu üben. Doch als uns die Languste mit zwei Flaschen Strela, dem kapverdischen Bier, serviert wird, sind wir bereit und können uns dieser grätenfreien Delikatesse widmen. Aufs Neue stellen wir fest, dass Fisch und Schalentiere direkt am Meer unvergleichlich besser schmecken. Vielleicht liegt es am Salz in der Luft, am Sand unter unseren Füßen oder an der einfachen Zubereitung, ganz ohne Schnickschnack. Keine Saucen oder scharfen Gewürze verwirren unsere Geschmacksknospen und schmälern

den puren Genuss. Schon am selben Abend steht uns erneut der Sinn nach ähnlichem Gaumenkitzel, den wir erfolgreich mit einem köstlichen Thunfisch-Carpaccio und einem delikaten Oktopus-Salat befriedigen. Beide hätten dem Feinschmecker-Menü eines 3-Sterne-Restaurants gut zu Gesicht gestanden.

Mit der inzwischen verfallenen Seilbahn wurde einst Salz transportiert ^

# Unter Haifischen

Angenehm gesättigt steigen wir wieder auf unser Motorrad. Hinter Pedra de Lume halten wir auf der Straße Richtung Espargos Ausschau nach einer Schotterpiste, die nach links abzweigen soll, wie man uns sagte. Schon kurze Zeit später taucht ein handbemaltes Schild auf, auf dem „Shark Bay" steht und das uns den Weg weist. Dort wollen wir hin, in eine Bucht, in der man Haie vom Strand aus beobachten kann. Und wo besonders wagemutige Zeitgenossen ins Meer steigen können, um den Raubfischen näherzukommen.

Als wir zum ersten Mal von der Bucht hörten, hofften wir, dass wir hier vielleicht den legendären *Catfish* sehen könnten, der in den seichten Gewässern von Kap Verde lebt. Er gehört zu der großen Familie der Welse, deren Süßwasser-Verwandte in unseren europäischen Gewässern beheimatet sind. Weil der *Catfish* auf den Kapverden einst so zahlreich anzutreffen war, gibt es auf dem Archipel mehrere Orte mit dem Namen „Baía das Gatas". Während wir auf der staubigen Piste nach der Bucht Ausschau halten, geraten kurz darauf parkende Autos und Imbissstände in unser Blickfeld. Dahinter machen wir eine Gruppe von Menschen aus, die alle bis zu den Knien im Meer stehen. Das also ist der Platz, nach dem wir suchen!

Ein Mann kommt auf uns zu und fragt uns, ob wir Wassersandalen ausleihen möchten. Wir lehnen dankend ab und stellen bald fest, dass sein Angebot in der

 ^ Touristen auf Tuchfühlung mit Haien an der Shark Bay im Osten der Insel

Tat sehr viel Sinn macht. Der Meeresboden ist hier nicht mit Sand, sondern mit scharfkantigen Steinen bedeckt, auf denen man barfuß besser nicht gehen sollte. Hier ist also festes Schuhwerk ein echter Segen für die Füße. Wir lassen also unsere Wanderschuhe an und waten durchs Wasser. In der Nähe der wassertretenden Gaffer angekommen, halten wir Ausschau nach dem *Catfish*, der, wie wir hoffen, gleich seine breite Nase aus dem flachen Wasser strecken wird. Die Anwesenden hier füttern ihn bestimmt mit Brot, so wie Goldfische in einem Teich. Doch kein Köpfchen reckt sich breitmäulig mit den typischen Barteln aus dem Wasser. Dann der Schock: In kurzer Entfernung tauchen unverhofft drei Haie im seichten Wasser auf, deren Rückenflossen das Meer durchschneiden und sich zielstrebig auf uns zu bewegen. Heillose Panik erfasst uns, als uns blitzartig klar wird, dass wir uns knietief im Element dieser furchteinflößenden Räuber befinden! Und was, in Gottes Namen, denken sich all die versammelten Lebensmüden dabei, hier inmitten von zwei Meter langen Haien sorglos im Wasser herumzuwaten? Uns jedenfalls ist es ziemlich egal, ob es sich um Zitronenhaie handelt, wie manche meinen, oder um Bullenhaie, wie andere behaupten. Hey, das sind riesige, Angst einflößende Viecher, egal um welche Spezies es sich dabei handelt!

Ein einheimischer Touristenguide mustert uns amüsiert, er hat offenbar unsere Panikattacke beobachtet. Beschwichtigend versichert er uns, dass diese Haie Fische fressen und keine Menschen. „Wir stehen nicht auf ihrer Speisekarte", erklärt er mit breitem Grinsen, „das sind Feinschmecker, die fressen nur Fisch". Wir wollen ihm

Die Haie sind ganz schön groß, ernähren sich aber angeblich nur von Fisch ^

gerne glauben, aber können wir sicher sein, dass sie all die leckeren Füße direkt vor ihrer Schnauze ignorieren, und vielleicht nicht doch einem angeborenen Beißreflex nachgeben? Uns bleibt es mulmig zumute. Wir nehmen in Kauf, möglicherweise als Angsthasen abgestempelt zu werden, aber für heute ist unser Bedarf an Abenteuern dieser Art gedeckt.

Wir machen uns auf den Weg zum Motorrad und nehmen den Weg zurück durch Espargos Richtung Santa Maria. Etwa sieben Kilometer südlich von Espargos machen wir einen weiteren Abstecher Richtung Westen. Hier führt eine gut befahrbare Schotterpiste zum Monte Leão, – dem „Löwenberg“. Er gilt als Wahrzeichen der Insel mit einem zauberhaften Strand zu seinen Füßen.

Wir erreichen ihn zu einer Tageszeit, in der es eigentlich zu heiß ist, um ihn zu besteigen. Wir wagen es trotzdem und kämpfen uns bergauf, mit der Aussicht auf einen großartigen Ausblick. Dabei bewegen wir uns mit aller Vorsicht, denn der lose Untergrund hat seine Tücken. Endlich mit klopfendem Herzen oben angekommen, bietet sich uns ein großartiges Panorama von Murdeira bis nach Ponta Preta. Wir


^ Nahaufnahmen von Haien mit den Füßen im Wasser

verweilen und nehmen bleibende Eindrücke mit auf den Rückweg. Der ist erwartungsgemäß weniger anstrengend und so fliegen wir förmlich den Berg hinab – direkt hinein ins Meer. Was für eine köstliche Erfrischung! Nach einem ausgiebigen Bad faulenzen wir am Strand und schauen den Krabben bei ihrem Versteckspiel im Sand zu.

Ein wunderbarer Sandstrand und kristallklares Wasser. Abseits der Touristenpfade findet man hier ungestörte Ruhe – bestenfalls ein paar Surfer schauen von Zeit zu Zeit vorbei. Aber Achtung: an Stränden wie diesem gibt es keine Rettungsschwimmer, die im Notfall helfen können.

## Die Bucht von Murdeira

Zurück auf der Straße genießen wir den kühlenden Fahrtwind. Wir sind unterwegs nach Murdeira, einem kleinen Urlaubsort, der an der weitläufigen, namensgebenden Baía da Murdeira gelegen ist. Innerhalb dieser gestreckten Bucht hat sich eine weitere kleine, natürlich entstandene Bucht gebildet, in Form eines Halbkreises. Das Innere dieser kleinen Bucht ist vor dem starken Wellengang des Atlantiks geschützt und stellt somit einen idealen Badeort dar. Bis kurz vor der Jahrtausendwende lebten an diesem Ort nur wenige Menschen, die sich vorwiegend von Landwirtschaft und Fischerei ernährten. Mit dem Aufkeimen des Tourismus und steigender Nachfrage nach Apartmentwohnungen und Hotels mit Bars und Restaurants auf der Insel entstand Murdeira als Touristensiedlung und ist heute ein teilweise abgeschottetes Ressort, in dem viele Ausländer dauerhaft leben.



^ Murdeira, ein Touristendorf mit attraktiven Häusern

Die Bucht von Murdeira ist ein Meeresschutzgebiet, das wiederum Teil eines größeren Naturreservats ist, das die kleine Insel Rabo de Junco einschließt. Sie ist berühmt für ihr Korallenriff in der Nähe des kleinen Strandes gegenüber dem Dorf. Das Riff ist ein Traumziel für Taucher, doch man muss sich für Tauchgänge offiziell über die Agenturen in Santa Maria anmelden. Die Bucht ist auch ein beliebter Aussichtspunkt für das *Whalewatching*, denn hier tummeln sich Buckelwale jedes Jahr während ihrer Paarungszeit in den Wintermonaten. Am frühen Morgen kann man sie von der Küste aus gut mit dem Fernglas beobachten, ohne eine kostspielige Tour buchen zu müssen.

Die Fischer mussten dem lukrativen Touristenstrom weichen und sind in die nahegelegenen Dörfer Palha Verde und Lomba Branca umgesiedelt. In Palha Verde gibt es ein interessantes Hydrokultur-Projekt. Die ursprüngliche Planung für das Projekt sah vor, die gesamte Insel mit Tomaten und Salat zu versorgen. Doch leider hat eine

Seltsame Felsformationen an der Strandbucht ^

 ^ Pause am Monte Leão, wo ebenfalls tolle Bedingungen fürs Surfen herrschen

Krankheit vor einigen Jahren den Tomatenanbau hinweggerafft, so dass heute nur noch Salat produziert wird. Die Produktionszahlen sind beeindruckend: Zwischen 20.000 und 30.000 Salatköpfe werden pro Monat geerntet, mit denen vorwiegend Hotels auf der Insel versorgt werden.

Etwa vier Kilometer östlich vom Dorf wurde im Jahr 2010 ein Windpark errichtet, der bei den hier vorherrschenden idealen Bedingungen mittlerweile den Strom für einen Großteil der Insel liefern kann.

## Espargos, die Hauptstadt der Insel

Espargos hat seinen Namen vom wilden Spargel, der hier in Massen wächst. Wenn die Pflanzen blühen, sieht man ihre kleinen gelben Blüten überall dort, wo der Boden sandig ist. Der Ort selbst hat wenig von einer Stadt und ist eher ein Dorf, in dem die Zeit stillzustehen scheint. Das Einzige, was ihn hervorhebt, ist der nahe Flughafen, auf dem alle Besucher der Insel ankommen, auch die, die weiter unterwegs sind zu den Nachbarinseln. Der Flughafen stellt im inländischen Flugverkehr einen wichtigen Knotenpunkt dar. Viele Einwohner von Espargos arbeiten in Santa Maria und nur wenige Touristen verbringen mehr Zeit als nötig in dem verschlafenen Ort. Sie machen hier nur Rast auf ihrem Weg nach Buracona oder Pedra de Lume.

Genau das machen wir auch. Von der Terrasse einer der Bars auf dem Hauptplatz aus beobachten wir die bunt gekleideten Damen, die einen Schal in gleichem Muster um den Kopf gewickelt haben. Sie verkaufen hier Schmuck und Sonnenbrillen und scheinen genau zu wissen, wann die Busse mit den Touristen ankommen. Wenige



^ Die Pflanze Espargos, eine Art wilder Spargel, nach dem die Hauptstadt der Insel benannt ist

Minuten vor deren Ankunft treffen sie ein, um die strategisch beste Position auf dem Platz zu besetzen. Wir fragen uns, ob diese Damen aus einer Kristallkugel lesen, um das Eintreffen der Busse vorauszusehen? Denn einen festen Fahrplan gibt es nicht und selbst die Busfahrer wissen nicht im Voraus, wann sie losfahren ...

Wenn die Touristen dann eintreffen, ist es lustig mit anzusehen, wie diese Damen aus dem Senegal in ihren afrikanisch gestylten Gewändern umherlaufen und die Touristen in akzentfreiem Französisch ansprechen. Sie sind geborene Verkäuferinnen und schaffen es immer wieder, den Urlaubern ein paar Souvenirs anzudrehen.

## Die Lobos, eine Familie von Musikern

In der Nähe des zentralen Platzes gibt es ein Restaurant namens *Caldera Preta*, in dem früher jede Nacht Live-Musik erklang. Da sich aber nur wenige Touristen abends hierher verirren, finden nur noch wenige dieser Konzerte statt, wie uns Mirri Lobo erklärt. Er ist der Inhaber des *Caldera Preta* und zugleich einer der bekanntesten Musiker der Insel. Er wurde hier auf Sal in eine Familie von Musikern hinein geboren und ist der Vetter von Ildo Lobo (siehe Kasten Seite 116). Sein musikalisches Talent zeigte sich bereits früh und er trat zum ersten Mal während seines Militärdienstes vor Publikum auf. Er selbst hielt sich lange Zeit eher für einen Amateur - bis zur Veröffentlichung seiner ersten, landesweit erfolgreichen CD in den 1980ern. Sein jüngstes Album *Caldera Preta* wurde ebenfalls ein großer Erfolg, vor allem wegen des humorvollen Songs *Encmenda de Terra* über Migration und die kapverdischen

Blick über Espargos mit dem Flughafen im Hintergrund ^

Bräuche und Sitten. Das Album wurde vom CVMA (Cap Verde Music Awards) mit vier Preisen ausgezeichnet, u.a. für die beste männliche Stimme und den besten Song. In ihm geht es um einen Kapverdier, der alles dafür tut, dass er auf alle kapverdischen Parties in den USA eingeladen wird, um stets in den Genuss von *Grogue*, Keksen und Fisch von den Inseln zu kommen. Eine wahre Begebenheit, deren Protagonist sogar im Videoclip zum Song auftritt.

Inzwischen arbeitet Mirri an seinem sechsten Album. Die Texte hat ein befreundeter Musiker geschrieben und er selbst komponiert die Musik dazu. Auch diese CD wird wieder Mirris Vorlieben widerspiegeln: traditionelle Klänge von den Inseln. Er liebt Mornas, weil es in ihnen um Liebe und Frauen geht. Doch es wird auch flottere Coladeiras geben, deren Texte eher satirisch und lustig sind. Mirri lebt nicht von der Musik – das wäre ohnehin nur möglich gewesen, wenn er Kap Verde verlassen hätte. Doch er ist hier zu stark verwurzelt, um einen solchen Schritt zu wagen. Außerdem ist er finanziell gut versorgt, denn ihm gehört die Firma, die in Palha Verde mit Hydrokultur über 20.000 Salatköpfe im Monat produziert und verkauft. Was die Musikkultur auf Sal angeht, bedauert Mirri die Entwicklung der letzten Jahre. Zwar ist die Nachfrage nach Musikern gestiegen, weil immer mehr Bars und Hotels Live-Musik anbieten, doch die Qualität hat nachgelassen. Das liegt vor allem daran, dass die Hotels nicht bereit sind, angemessen zu zahlen. In Santa Maria bekommen die Touristen daher meist qualitativ minderwertige Musik geboten und wissen oft nicht, dass es auf den Inseln auch Weltklasse-Musik gibt.

## Ildo Lobo: Sals berühmteste Stimme

Ildo Lobo war einer der bekanntesten Sänger von Kap Verde. 1953 in Pedra de Lume geboren, arbeitete er in seiner Jugend in den örtlichen Salzbergwerken. Zum Glück war Musik seine erste Liebe und noch heute erinnert man sich an ihn als einen der Giganten kapverdischer Musik. Er war der Frontmann der offiziellen Nationalband *Os Tubarões* (Die Haie) und Botschafter kapverdischer Musik im Ausland, wo die Band das Land mit typischen Mornas, Coladeiras und Funanas repräsentierte.

*Nós Morna* war Ildos erstes Solo-Album, das im Jahr 1996 erschien und gleich die Spitzen der Charts stürmte. Es ist eine Hommage an seinen Vater António Lobinho, der ebenfalls Sänger und Abkömmling einer langen Linie von Musikern und Sängern war. Ildo hat zwei weitere Alben aufgenommen: *Intelectual* und *Incondicional* – begleitet von den Mitgliedern von Cesária Évoras Band. Ildo starb im Jahr 2004 viel zu früh, kurz vor seinem 51. Geburtstag.

# Natur- und Artenschutz auf Sal

**Sal ist, wie seine Nachbarinsel Boa Vista, auch für seine Tierwelt berühmt. Denn auch hier nisten viele bedrohte Meeresschildkröten.**

Die Kapverden stehen weltweit auf Platz drei, wenn es um die Anzahl der Brutplätze der Unechten Karettschildkröte (*Caretta caretta*) geht, eine von insgesamt sieben verbliebenen Meeresschildkrötenarten weltweit. Alle Meeresschildkröten sind in ihrem Bestand oder vom Aussterben bedroht. Die Bedrohung geht dabei ausschließlich vom Menschen aus, der sie ihres Fleisches, der Eier und ihrer Panzer wegen seit Menschengedenken jagt, aber auch durch die von uns Menschen verursachte und stetig wachsende globale Umweltverschmutzung. Die Kapverden sind als ein Refugium der bedrohten Spezies weltweit in den Blickpunkt von Naturfreunden gerückt und haben dadurch den Naturtourismus auf die Inseln gebracht. Die

‹ Jungschildkröten auf ihrem Weg ins Meer

Tierwelt auf den Kapverden zieht Besucher und Wissenschaftler an, die mehr über die einzigartige Natur der Kapverden erfahren möchten und insbesondere über die Meeresschildkröten. Project Biodiversity ist eine gemeinnützige Organisation, die es

sich zur Aufgabe macht, die seltenen Arten und ihren Lebensraum auf Sal zu schützen und es gleichzeitig Einheimischen und Besuchern ermöglicht, die außergewöhnliche Tierwelt der Insel zu entdecken – selbstverständlich auf eine achtsame und verantwortungsvolle Weise.

In den Gewässern um Kap Verde leben fünf verschiedene Arten von Meeresschildkröten: Lederschildkröte, Unechte und Echte Karettschildkröte sowie zwei Spezies aus der Gattung der Bastardschildkröten. Von diesen legt hier nur die Unechte Karettschildkröte regelmäßig ihre Eier an den Stränden ab. Die Art ist von großer Bedeutung für das Gleichgewicht der Ökosysteme von Meer und Küste und trägt dazu bei, dass zahlreiche andere Arten, uns selbst eingeschlossen, in einer intakten Umwelt leben dürfen. Leider hat die jahrhundertelange Jagd die Unechte Karettschildkröte an den Rand der Ausrottung getrieben. Im Jahr 2007 schätzte eine Expertenkommission, dass die Art 2015 auf den Kapverden ausgestorben sei, wenn die illegale Jagd und der Handel mit Schildkrötenfleisch nicht umgehend eingedämmt werde. So haben im letzten Jahrzehnt einheimische Tierschützer zusammen mit internationalen Helfern unermüdlich den Schutz der weiblichen Schildkröten vorangetrieben: Während der gesamten Brutsaison gibt es nächtliche Patrouillen am

 ^ Eine ausgewachsene Unechte Karettschildkröte wird vermessen

Strand, Warnschilder, eine rege Öffentlichkeitsarbeit und die enge Zusammenarbeit mit der Regierung in Sachen Schildkrötenschutz.

Durch das umfangreiche Strandschutzprogramm konnte die Anzahl getöteter Schildkröten stark verringert werden, doch die illegale Jagd und der Schwarzmarkthandel stellen immer noch eine Bedrohung für die Art dar. Ohne die Hilfe all der Freiwilligen aus dem In- und Ausland, die vor Ort um das Überleben dieser Spezies kämpfen, wären solche Hilfsmaßnahmen nicht möglich. Naturfreunde, die dieses Projekt aus der Ferne unterstützen möchten haben die Möglichkeit, mit einer Spende ab 10 € eine Babyschildkröte für sich oder einen geliebten Menschen symbolisch zu adoptieren. Jede Adoption wird mit einer offiziellen Geburtsurkunde per E-Mail bestätigt! Ein wunderbares, nachhaltiges Geschenk für liebe Freunde oder die eigene Familie.

## Freiwilligendienst im Schildkrötenschutz

Am Freiwilligenprogramm dürfen auch Touristen teilnehmen, die damit ihrem Urlaub eine sinnvolle Erfahrung hinzufügen können. Freiwillige werden sowohl für die Zeit

der Eiablage von Juli bis Mitte Oktober gesucht, in der die erwachsenen Schildkröten an Land kommen, als auch für die Schlupfsaison zwischen Mitte August und Mitte Dezember, in der die Babyschildkröten ihren verlustreichen Weg ins Meer antreten.

Eine Gruppe von Jungschildkröten klettert aus ihrem unterirdischen Nest ^

In den Perioden der Eiablage geht es vor allem darum, nachts und morgens am Strand Patrouille zu laufen, die Nester zu kontrollieren und vor Plünderern zu schützen. Außerdem gilt es Informationskampagnen für Touristen zu betreuen und Säuberungsaktionen am Strand vorzunehmen. In der Schlupfsaison überwachen die Freiwilligen nachts vor Ort Hunderte von Nestern, aus denen tausende Schildkrötenbabys schlüpfen. Bei Sonnenaufgang helfen die Freiwilligen verirrten Jungschildkröten ihren Weg ins Meer zu finden. Für Naturfreunde und Menschen mit Herz gibt es kaum eine erfüllendere und sinnvollere Art, seinen Urlaub zu verbringen. Während der Patrouillen nehmen die freiwilligen Helfer auch an der wissenschaftlichen Feldarbeit teil, bei der es um die Bestandsaufnahme oder Markierung der Schildkröten geht oder darum, ganze Nester behutsam auszugraben und umzusiedeln. Hilfe bei der Öffentlichkeitsarbeit ist ebenso gefragt wie Unterstützung bei anderen gemeinnützigen lokalen Projekten, so dass man am Ende viel über den Schutz von Meeresschildkröten gelernt hat und einen wertvollen Beitrag zu deren Fortbestand leisten konnte. Der Freiwilligendienst umfasst sechs Arbeitstage pro Woche mit einem freien Tag, an dem man die Insel erkunden, Wassersport treiben oder einfach nur am Strand faulenzen kann. Die Arbeit erfordert echte Hingabe, kann anstrengend und stressig sein, zumal man sowohl tagsüber als auch in der Nacht auf Achse ist. Aber letztlich gibt es für Freunde der Natur und eines umweltbewussten Lebens kaum etwas Befriedigenderes als an dieser einzigartigen Erfahrung aktiv teilzuhaben.

## Beobachtung und Schutz der heimischen Vogelarten

Neben dem Schutz der Meeresschildkröten hat sich die Organisation auch Aktivitäten auf anderen Feldern verschrieben, in denen es um den Erhalt der Ökosysteme – Meer, Küste und Inland – und den Schutz des Lebensraums bedrohter Tierarten geht. Dieses Engagement beinhaltet die Aufklärung der Bevölkerung darüber, welche persönlichen Vorteile der Naturschutz für die Inselgemeinschaft mit sich bringt und wie sich jeder selbst für die Umwelt und das Tierleben auf der Insel einsetzen kann.

Im Jahr 2017 hat Project Biodiversity in Zusammenarbeit mit anderen Organisationen begonnen, den Bestand einiger der schützenswertesten – weil bedrohten – Seevogelarten zu erfassen, die auf der Insel brüten: Der Fischadler (*Pandion haliaetus*) und der Rotschnabel-Tropikvogel (*Phaethon aethereus*), der auch das Logo der Organisation ziert. Beide Arten gelten als unmittelbar bedroht, da sie nach Jahren der Verfolgung und Störungen am Brutplatz auch hier auf Sal selten geworden sind.

Während des Winters – der Brutsaison beider Vogelarten – suchen Mitarbeiter von Project Biodiversity nach neuen Nestern und beobachten das Brutverhalten. Die Fischadlerhorste sind über die ganze Insel verstreut, finden sich aber vor allem an der Küste auf Klippen oder vorgelagerten Inseln. Die Tropikvögel brüten in Kolonien, die sie in Löchern und Spalten der Küstenklippen bauen. Durch die Überwachung der Nester kann man den jährlichen Bruterfolg erfassen und mögliche Gefährdungen des Bestands schneller erkennen. Sie hilft dabei, die aktuelle Situation der Vögel und



Der Fischadler hat starke Krallen, die dem Greifvogel helfen, seine Beute zu packen ›

mögliche Gefahren besser zu verstehen und einzuordnen. Was es dann wiederum leichter macht, zusammen mit den politisch Verantwortlichen entsprechende Schutzmaßnahmen einzuleiten.

Fischadler und Rotschnabel-Tropikvögel gehören zu den Lieblingen aller Vogelfreunde. Auch wenn es sich um Zugvögel handelt, kann man sie hier auf Sal das ganze Jahr hindurch beobachten, vor allem die Fischadler. Die Tropikvögel sieht man meist im Winter, wenn sie von ihrer monatelangen Reise auf dem offenen Ozean zurückkehren, um hier zu brüten. Zu der Zeit erfreuen sie uns auch mit ihren wunderschönen Paarungstänzen und Lockrufen. Project Biodiversity hat es sich zur Aufgabe gemacht, einen nachhaltigen und sanften Tourismus rund um die Naturschätze der Insel zu entwickeln, von dem nicht nur die heimische Tierwelt, sondern auch die Bewohner der Insel profitieren.



^ Der Rennvogel lebt in Halbwüstengebieten

Auch hier setzt die Organisation auf die Mitarbeit von Freiwilligen. Diese Art unmittelbarer Kooperation wirkt besonders nachhaltig, weil die Freiwilligen durch ihre persönliche Erfahrung eher geneigt sind, die Aufmerksamkeit anderer auf die Probleme zu lenken. Außerdem stärkt ihre Gegenwart deutlich die Moral der festangestellten Mitarbeiter, da sie einen unverbrauchten Enthusiasmus mitbringen - und manchmal auch ganz neue Ideen.

Einer der Projektleiter betont: „Wir haben im Laufe der Jahre gelernt, dass es trotz aller Bemühungen, ein Bewusstsein für die Probleme zu schaffen und sie zu lösen, immer viel Zeit braucht, um wirklich etwas zu ändern. Indem wir mit der Regierung, der Bevölkerung und anderen Naturschutzorganisationen zusammenarbeiten, schaffen wir ein tragfähiges Netzwerk zum Schutz der Ökosysteme und der einheimischen Arten, das hoffentlich den Weg für eine nachhaltige Entwicklung der Insel ebnet."

Der Rotschnabel-Tropikvogel (*Phaethon aethereus*) in seinem eleganten Flug ^

# Entdecken Sie noch mehr Kapverden und erleben Sie Morabeza …

## DEMNÄCHST ERHÄLTLICH

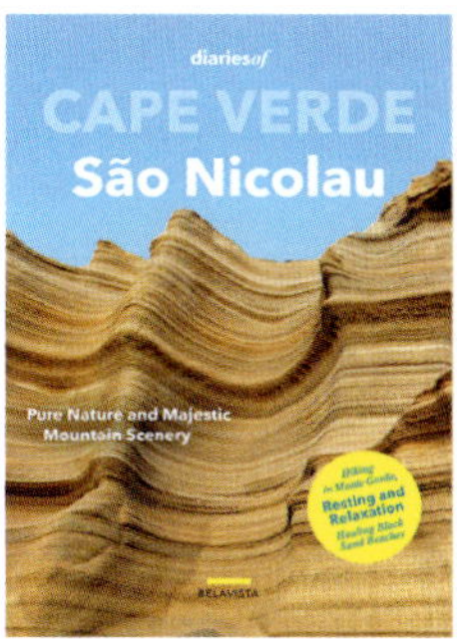


### São Nicolau

Natur pur vor majestätischen Gebirgskulissen

128 Seiten | + 100 Fotos

Erhältlich in: Englisch | Deutsch | Französisch | Portugiesisch

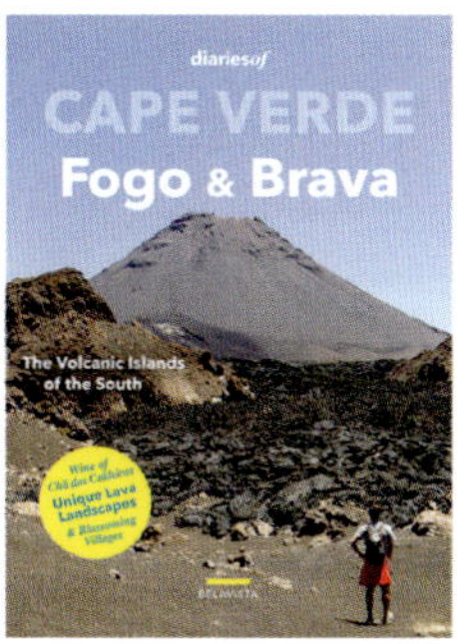


### Fogo & Brava

Die vulkanischen Feuerinseln des Südens

128 Seiten | + 100 Fotos

Erhältlich in: Englisch | Deutsch | Französisch | Portugiesisch

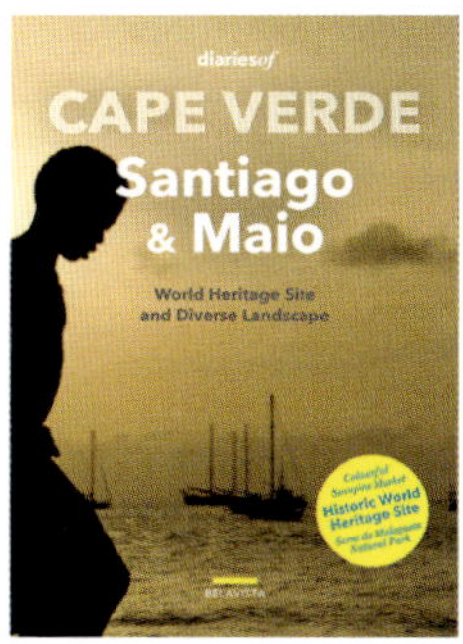


### Santiago & Maio

Weltkulturerbe und landschaftliche Vielfalt

128 Seiten | + 100 Fotos

Erhältlich in: Englisch | Deutsch | Französisch | Portugiesisch

## Kreol Lernen

### Kreol für jedermann

Mit den wichtigsten Wörtern und Sätzen für die Reise

ISBN: 978-3-86264-729-3

288 Seiten

Erhältlich in: Englisch | Deutsch | Französisch

**Jetzt erhältlich!**

diariesof | BELAVISTA

# Die Autoren

**Anabela Valente** hat nach einer ausgedehnten Weltreise eine vielversprechende Karriere in einer Kanzlei für Urheberrechte aufgegeben, um sich ganz ihrer Reiseleidenschaft zu widmen. Sie ist Mitbegründerin des Reisemagazins *diariesof*, hat verschiedene Reiseführer verfasst und vier Bücher über Kap Verde geschrieben – eines ihrer unbestrittenen Lieblingsreiseziele.

**Jorge Valente** ist Reisefotograf und Grafikdesigner. Die Neugier treibt ihn an und jede Reise verstärkt diese Neugier nur noch mehr. Nach zahlreichen Reisen um die Welt hat er gemeinsam mit seiner Frau Anabela das Magazin *diariesof* gegründet. Er freut sich besonders, seine Liebe zu den kapverdischen Inseln mit den Lesern zu teilen. Folgen Sie den beiden online auf diariesofmagazine.com.

# Danksagung

Wir möchten Ralf, dem Herausgeber dieses Buches, für sein Vertrauen, seinen Witz und sein konstruktives Feedback (und den köstlichen Papaya-Milchshakes!) danken, ohne die dieses wunderschöne und inspirierende Buch nicht möglich gewesen wäre. Ein großes Dankeschön geht an Sonia Leite von Turismo CV, an unseren Freund Xará für sein Wissen über Sal und dafür, dass er uns sein Motorrad zur Verfügung gestellt hat. Dankbar sind wir João Barbosa für unsere anregenden Gespräche. Ein besonderer Dank geht an Kiki Lima, Mirri Lobo und Erika Szabó, die ihre Leidenschaften mit uns geteilt haben. Weiterhin möchten wir Mitu Monteiro und seinen Mitarbeitern für ihre Geduld anlässlich unserer Kitesurfing-Kurse danken. Ein besonderer Dank geht an Valério Rocha (alias Vady), an Kapitän Henrik und die Cuba Libre Mannschaft, besonders an Bruno, für die unvergesslichen Abenteuer. Ein herzliches Dankeschön geht an Osvaldo Lizardo (alias Vává) für seine inspirierende Präsenz und an Berta Renom, die uns über die Arbeit des Project Biodiversity aufgeklärt hat sowie an den Tauchlehrer António Martins und an Boris und Jean-Lou vom Botanischen Garten.

Und nicht zuletzt, Danke an alle ungenannten Kapverdier, die wir auf dieser Reise kennengelernt haben und die unsere Tage mit kleinen Tipps, helfenden Händen, Ratschlägen, einem freundlichen Lächeln und ihrer Liebenswürdigkeit bereichert haben. Alle diese Menschen haben unseren Aufenthalt in Sal zu einem ganz besonderen und bleibenden Erlebnis gemacht. Wir können es kaum erwarten, zurückzukehren!